歴史文化ライブラリー

165

海の生活誌

半島と島の暮らし

山口　徹

吉川弘文館

目次

海と日本人――プロローグ

日本列島の環境と暮らし

日本列島の自然環境

日本列島はアジア大陸の東縁に分布し、国土の主要部分である本州、北海道、四国、九州は互いに連接し、全体としては南北に細長く、東南にふくらんでいる。列島の北西側は日本海・東シナ海を挟んで大陸に接し、南東側は太平洋の荒波に洗われている。

日本列島の海岸線は出入が激しく、その延長線は二万八〇〇〇キロにもおよび、海岸地形は場所により地盤《じばん》の隆起《りゅうき》・沈降《ちんこう》運動の差異、海食《かいしょく》や風浪《ふうろう》の影響をうけ、変化に富んでいる。太平洋側には知床《しれとこ》・下北《しもきた》・房総《ぼうそう》・伊豆《いず》・紀伊《きい》・大隅《おおすみ》など、日本海側には渡島《おしま》・津軽《つがる》・能登《のと》・島根《しまね》、東シナ海側には長崎《ながさき》・薩摩《さつま》などの大小の半島が突出し、その間には鹿島灘《かしまなだ》・遠州灘《えんしゆうなだ》や、日本海側の諸平野の臨海部に見られる、やや大規模な砂浜《すなはま》や礫浜《れき》が見られる。また三陸《さんりく》海岸・先志摩《さきしま》・紀伊水道《すいどう》・豊後《ぶんご》水道・若狭湾《わかさわん》・五島列島《ごとうれつとう》・対馬《つしま》などリアス式海岸線や、天草《あまくさ》・松島《まつしま》・瀬戸内海《せとないかい》の島々のような沈水《ちんすい》による地形が目につく。日本列島を構成する島嶼《とうしよ》の数は三七〇〇を超えるといわれているが九〇平方キロ以上の島は三〇にも満たない。日本海に散在する佐渡《さど》ヶ島・隠岐島《おきのしま》、瀬戸内に浮かぶ無数の島々、海底の火山活動で生まれた伊豆七島・小笠原諸島、琉球弧に沿う南西諸島。島の地形は山地島や火山島が多いことから、平地は少なく急な斜面が汀線《ていせん》まで落ち込んでいる地形が多い。比較的低地が多く、平坦な島は種子島《たねがしま》、礼文島《れぶんとう》などの海食段丘からなる島、喜界島《きかいじま》や南大東島《みなみだいとうじま》などの隆起珊瑚礁《さんごしよう》からなる島々にすぎない。

このように島嶼部を含めた日本列島の地形は基本的には山地からなり、低地・台地は国土の二五%にも満たない。しかも日本列島は温帯湿潤気候下にあり、冬季・夏季の寒暑の差が激しく、豪雪および台風の影響により、風化《ふうか》作用の進みも早く、水による浸食作用は特に著しい。

このような変化に富んだ自然環境の中に存在する村は、その位置する自然環境に応じた多様な様相を示す。その姿はそれぞれの集落の景観ばかりでなく、そこに住む人びとの生業・生活も一様ではないことを物語っている。

ところで列島の中央部には標高三〇〇〇米《メートル》前後の山地が南北方向に長くのび、北東から南西方向に中央構造線《こうぞうせん》に沿って山脈や丘陵がのび、日本列島は山や深い河谷によって、隔絶された地方に分けられている。こうした自然環境も塩や水産資源の供給地としてばかりでなく、交通・運輸の面でも、道としての海の果たす重みを決定づけていたといえよう。

忘れられた海辺の生活

このように四辺を海に囲まれたわが国は、生きるためには欠くことのできない塩も動物性蛋白《たんぱく》の補給もすべて海に依存し、魚食文化といわれるほどの海とかかわりの深い文化を育ててきた。

江戸に生まれ、日本の味にまで出世した浅草海苔《のり》、佃煮《つくだに》、握《にぎ》り鮨《ずし》、てんぷらは江戸前の海でとれた海産物を食材としている。

また、火山脈や山脈が縦横に走る日本列島では、大量の物資の輸送には海を道とした廻《かい》船《せん》が利用されてきた。海は昔から日本の経済・文化を支える源であった。

私たちは子供のころから海の民・海の男といわれ育てられながら、日本人と海とのかかわり、漁業や漁村について学ぶことがほとんどなかったように思う。

第二次世界大戦後、わが国の民主化政策の一環として財閥《ざいばつ》解体や農地改革が行われたことは中学・高校の教科書にも記述されているし、その意味をどれほど理解しているかはともかくとして誰でも知っていよう。

しかし、戦後改革の一環として農地改革の漁業版ともいいうる漁業制度改革が行われたことを知る人は少ない。何よりも、戦後、地方《じかた》史料の調査・分析を中心にすすめられてきた近世史・近代史においても、ほとんど問題とされてこなかったように思う。

かくいう私も、子供のころから一宮《いちのみや》・片貝《かたがい》・大原《おおはら》・御宿《おんじゆく》と房総の海辺で夏休みを過ごし、大学に入ってからは逗子《ずし》に住み、縁あって西伊豆の田子《たご》・土肥《とい》の旧家と親戚同様の付き合いをつづけ、大学卒業後、学問生活に入ってからも、日本経済史を専攻し、小浜《おばま》・敦《つる》賀《が》の調査を手始めに海を生業の場とした廻船商人の研究をしていながら、海についてまったく関心を持たなかった一人である。

幸い、私は二〇年ほど前から、日本近代産業の育成に力のあった渋沢栄一《しぶさわえいいち》の孫、渋沢敬《けい》三《ぞう》が創設し、主宰してきた、わが国の民具研究（物質文化）や漁業史研究の分野で先駆的役割を果たした「日本常民文化研究所」の再建にたずさわり、はからずも漁業・漁民・漁村研究に取り組む機会を与えられたのである。

こうして、これまでまったく視野に入れてこなかった海村を自らの研究対象として視野に入れてみると、これまでとは違った歴史像が見えてくる。それは私にとって、つねに身近にあった風景であり、生活であり、現実そのものであっただけに、驚きであり、学問のなんたるかをまったく理解していない自分を知らしめるものであった。

現実の矛盾を克服し、より良い社会、より良い生き方を求めて、自らをとりまく国家や社会の歴史を正しく認識するために、自らの背負ってきた歴史とのかかわりのなかで、行くべき道を見定める努力をしなければ、明日への一歩を踏み出せないといいながら、自分の置かれた現実を、自分の存在を認識することをおこたってきた自分がそこにあった。

横浜と渡来文化

横浜の新しい視座

漁業史に関心を持ち、子供のころから親しんできた房総や、伊豆半島の海辺の景観の様変わりした姿に驚く。何よりも四〇年、仕事の場としてきた横浜を視座を変えて眺めてみると、まったく違って見えてくることに驚く。

横浜は海外文化の受容の窓口であり、海の玄関であり、日本文化にとって海の果たした役割・意味を考える格好の場であった。

海を意識した新しい視点を持って四十余年仕事の場としてきた横浜を歩き、見直してみると結構新しい横浜の横顔が見えてくる。無意識のうちに目に入っていながら見過ごしていた「もの」や「事」の多いことに驚かされる。これまでまったく目にとまらなかった「何々発祥の地」「何々の跡」と記した「もののはじめ」を示す記念碑やプレートの多いのに驚く。それらは横浜を訪ねた人たちに横浜の歴史を近代日本の生い立ちとのかかわりのなかで考える契機を与える。

「日米和親条約調印の地」「電信創業の地」「神奈川運上所跡」「英一番館跡」などなど。

本町周辺に建つこれらの記念碑は江戸時代、砂州《さす》の上にあった半農半漁の横浜村の住民を移して建設された開港場の歴史を語りかける。そこから西へ、元町《もとまち》から山手《やまて》にかけて居留地の往時をしのぶ「クリーニング発祥の地」「ジェラールの瓦《かわら》工場跡」「日本最初の麦酒《ビール》工場」「日本庭球発祥の地」「ヘボン博士邸跡」「日本バプテスト発祥の地」などの記念碑が目につく。この一帯は開港場建設の一環として外国人居留地がたてられ、ここに住むことになった外国人が自分たちの生活にふさわしい環境を整備するために造り出した工場や職業のあとである。

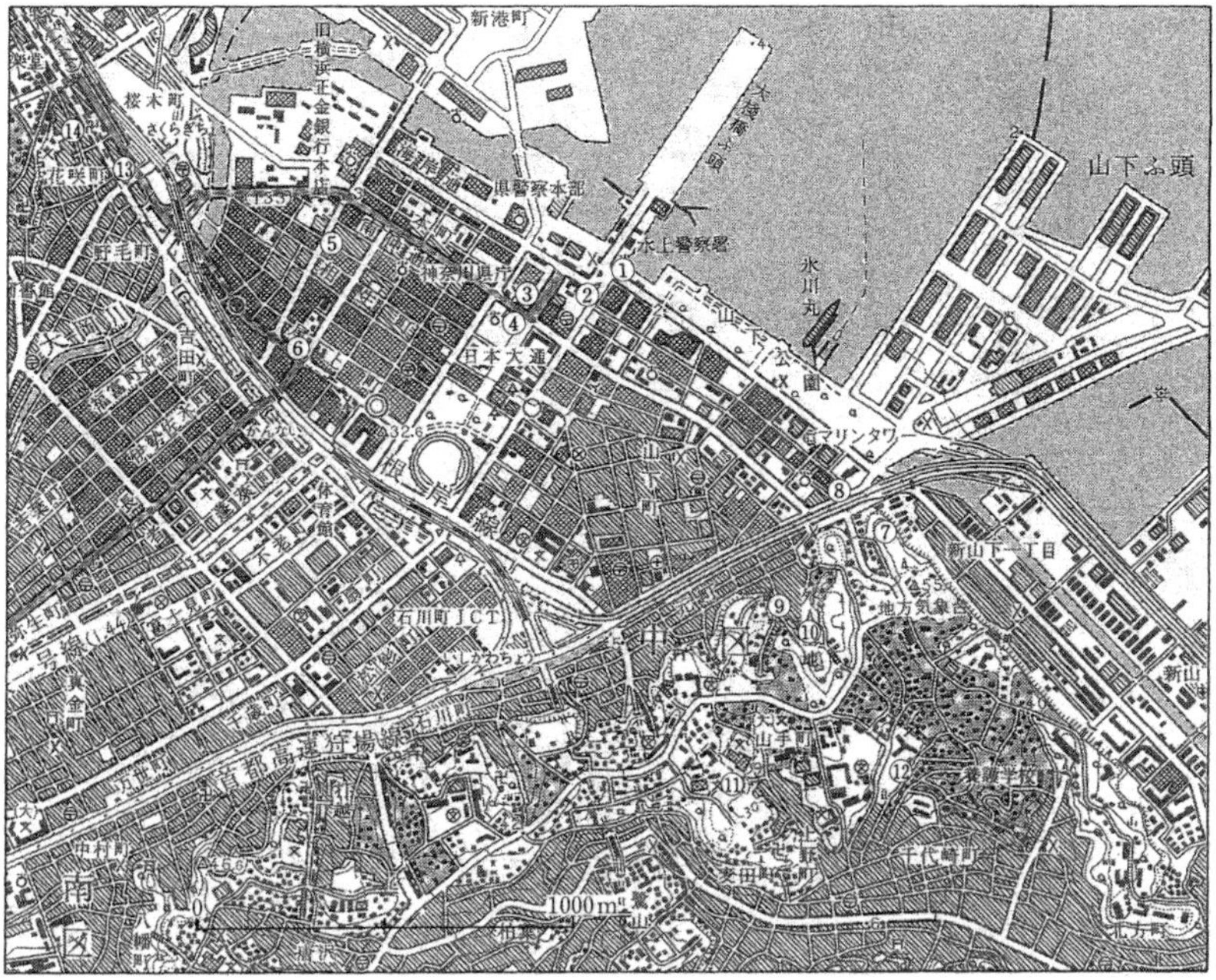

図１　横浜の地図

①英一番館跡，②日米和親条約調印の地，③神奈川運上所跡，④電信創業の地，⑤日本写真の開祖写真師下岡蓮杖顕彰碑，⑥近代街路樹発祥の地，⑦クリーニング業発祥の地，⑧ヘボン博士邸跡，⑨日本バプテスト発祥の地，⑩ジェラールの瓦工場と水屋敷跡，⑪日本庭球発祥の地，⑫日本最初のビール工場，⑬鉄道創業の地，⑭日本ガス事業発祥の地

桜木町から馬車道《ばしゃみち》の界隈《かいわい》を歩くと、ここにも「近代街路樹発祥の地」「日本写真の開祖写真師下岡蓮杖《しもおかれんじょう》顕彰碑」「鉄道創業の地」「日本ガス事業発祥の地」といった開港にともない舶来文化がこの地にまず根を下したことを示す数々の記念碑が立っている。

文明開化と呼ばれるこの時代、黒船に乗ってやってきた欧米列強の文化に驚愕した日本は、新政府のとった西欧化政策にもとづき、官民あげて西欧社会の制度や文物、生活習慣などを取り入れた。

江戸時代、砂州《さす》の上にたつ一漁村であった横浜村は日米和親条約の締結《ていけつ》の場となり、開港場になったことで、近代日本の生い立ちを今日に伝える歴史の場になったのである。横浜には新政府の欧化政策を軸とした工業化・近代化の流れとは別に、外国人居留地を通して、彼らが持ち込んだ数多くの文物が流れ込んだ。彼らは自分たちの文化とはまったく異なるこの地において、自らの習俗・習慣・生活様式を持ち込み、それにふさわしい生活環境を、居留地を中心に再現しようとした。

外国人居留地の衣食住

彼らは西欧で発達した新しい技術を持ち込み、日本各地から集まり住んだ、伝統的な技術をもった職人の手をかりて、衣・食・住をはじめとする生活環境をととのえていった。

図2　税関監視部と鉄桟橋（1894年ごろ）

開港当時の居留地の景観を伝える絵図面の一つ、『御開港横浜大絵図二編外国人住宅図』（文久二年（一八六二））を見ると、居留地が和風建築を基調に建てられ、洋風建築は「イギリス三番ハルベル・ケセイ住家」「オランダ八番ヘーマテン商館」「オランダ十番ライテツ住寺」の三棟が目につくぐらいである。元治元年（一八六四）ごろになるとイギリス人シリングフォードやドール、アメリカ人ブリジェンス、スイス人カイザー、フランス人クリペなどの建築設計を業とする者が登場し、洋風建築がさかんになった。しかし、施工に従事するのは各地から集まった大工職人が多く、在来の海鼠《なまこ》壁《かべ》との併用や、寺院風の瓦屋根を架ける和洋折衷の建物が多かった。

居留地は慶応二年（一八六六）の大火により、その三分の一を焼失したが、その復興の過程で徐々に西洋風の街区に変貌をとげ、明治以降になると横浜には教会堂やミッションスクールなどの洋風建築が数多く見られるようになった。こうした過程で横浜に集まり住んだ大工は洋風建築の様式や技法を身につけていった。明治後期から大正・昭和にかけて、横浜で洋風建築を手がけた者に、関・宮内・矢部家といった大工集団があった。関は本牧《ほんもく》を出身とする家で、カトリック山手教会の工事を行っている。宮内と矢部はともに伊豆松崎を出身とし、横浜に移り住んだ。初代は大工の棟梁《とうりょう》であった。宮内は横浜海岸教会やフェリス女学院の工事を請負い、矢部は旧川崎銀行（日本火災海上ビル）の設計に腕をふるった。

ところで、居留地の街空間を洋風の街に造りあげることは、わが国にもすぐれた伝統的職人技術があったため比較的容易であり、洋式建築の技術も早く定着していったと思われる。しかし、米を主食とし、肉食習慣をまったくもたない日本において、パンと肉食を主体とする食習慣を日本で維持するための環境をととのえることは大変なことであったと思われる。

食肉・牛乳・パン・西洋野菜・ビールなどは日本人から入手できず、西洋人自ら居留地内に菜園を開き、養豚・牧場を経営して、その確保につとめた。横浜ユナイテッド・クラブ支配人W・H・スミス、コマーシャル・ホテルの経営者カーティスはそれぞれ山手に農場を開き、そこで養豚を行った。またリズレーやジェイムス商会は山手に牧場を開き、明治二年（一八六九）には山手に日本最初のビール工場ジャパン・ブルワリーが設立されている。

外国人の主食であるパン製造は万延元年（一八六〇）ごろ内海兵吉がフランス軍艦乗組みのコックから手ほどきをうけパンを焼きはじめたといわれているが、主に外国人により経営されるものが多かった。万延二年にはグッドマンとフランク・ホフマンがベーカリーを開業し、慶応元年（一八六五）にはロバート・クラークも独立したベーカリーを開業している。日本人はこうしたベーカリーで仕事をしながら技術を習得していった。元町《もとまち》の打木彦太郎はロバート・クラークの店で技術を修得し今日につづくベーカリーとなった。

衣の面をみると、ラダージ・オエルケ商会、ロトムント・ウイルマン商会、ローマン商会などが幕末から明治初期にかけて専門洋裁店を開き、洋裁技術を日本人に伝えた。日本人最初の洋服裁縫師といわれている保土ケ谷《ほどがや》岩間の増田文吉は職人数名を率いて蘭人バータゲの店に入り、技術を修得したのち独立したといわれている。洋服文化と関係してクリーニング店も早くから日本人によって開業され、明治十年（一八七七）ごろのものと思われる「横浜有名西洋洗濯鏡」には八一名の名前が並び、そのほとんどが元町から山手に集中していた。

以上のように横浜では開港とともに移り住んだ外国人が自分たちの生活様式を持ち込み、自らにふさわしい居住環境、生活条件をととのえる過程で洋風の文化や習俗を日本人の間にひろめ、洋風の技術や職業を生み出していった。かくして、横浜は開港以来、西洋文化の受入れ口となり、外国人の生活と密着した生活文化を受容する都市として発展してきたのである（『横浜もののはじめ考』横浜開港資料館、一九八八年、等参照）。

日本人と渡来文化

こうした横浜の姿は、日本の近代化がはるばる海を渡ってきた御《お》雇《やとい》外国人技術者を受容することによってもたらされ、その窓口になったのが横浜をはじめとする開港場であったことを物語っている。

ところで海を渡ってもたらされる技術や文化を受容することによって開かれる文化や社会は近代日本の形成期に固有のものではない。わが国の農耕文化の象徴的存在である水稲技術も縄文末期から弥生時代にかけて、朝鮮半島から北部九州に伝わり、紀元前三世紀ごろには西日本で水稲耕作を基礎とする社会が成立したといわれている。

五世紀には、大陸や朝鮮半島との間で人的な相互交流も進展し、朝鮮半島から多くの渡来人が渡ってきて、新しい技術や文化を伝えたといわれている。漢字文化が伝えられたのもそのころであった。

そのころの瀬戸内海は北部九州と畿内を結ぶ主要な通路であり、さらに、朝鮮や中国の文化の流入する、古代日本における交通の大動脈であった。

瀬戸内海のもつ交通の大動脈としての地位は畿内が日本の政治的・文化的中心として確立するようになっても変わることはなく、瀬戸内海とその延長線上にある玄海灘《げんかいなだ》は海外との交渉、対外貿易にとってもますます重要性を増してきた。

ところで外国からの技術や文化の受容が社会の転換を決定づけたものとして意味をもったのが、天文十一年（一五四二）、シャム（タイ）から種子島《たねがしま》に漂着したポルトガル人によって伝えられた鉄砲の伝来である。彼らは一度、同じ船でシャムへ帰り、翌十二年ふたたび種子島にきて、島民たちに鉄砲製造技術を伝授した。その技術は、堺や根来《ねごろ》などをへてまたたく間に全国に伝わった。鉄砲伝来はこれまでの刀・鑓《やり》・弓を中心とした戦力を質的に転換せしめ、兵農分離を新たな原理とする統一国家成立の基礎をつくった。

このように、海は日本列島を世界から閉ざすのではなく、世界から、新しい技術・文化を受容する道であった。

進取の気風に富んだ瀬戸内海民に見られるように、海に囲まれた日本人の基層に現実にこだわらない海の心があるのかもしれない。まずはこの点を見ることにしよう。

日本文化と瀬戸内海民

古代中世の瀬戸内海民

瀬戸内海の自然環境

瀬戸内海は東西およそ二四〇海里（四五〇キロ）、南北は三海里（五・六キロ）から三〇海里（五六キロ）、その間に三〇〇〇とも称される島があるといわれている。そのうち有人島はおよそ一六〇、俗称三〇〇〇は満潮時には海面下、干潮時に姿を見せる岩礁《がんしょう》を加えた数であろう。こうした島は瀬戸内海に満遍《まんべん》なく点在しているのではなく、群島・諸島とよばれるように、いくつかのかたまりをみせている。島をとりまく灘《なだ》と呼ばれる海面も大小さまざまな海域を占めている。

瀬戸内海は多島海として世界的な美しさをもっているが、その美しさをもっとも特徴的に示しているのが島の二二％を集めている芸予《げいよ》瀬戸と一一％を集めている備讃《びさん》瀬戸であろう。

これらの島々は地質時代の第三紀からおこった地殻変動と、その後の沈水運動によって、紀伊水道《きいすいどう》や豊後《ぶんご》水道から流入した海面上に残されたものだといわれ、花崗岩《かこうがん》を基盤にして、その上を火成岩《かせい》や安山岩《あんざん》がおおっているものが多い。こうした岩盤上に堆積した土壌はきわめて浅く、しかも砂壌土《さじようど》で水持ちが悪く、水田には適していない。砂質の土壌は保水力が低く乾燥しやすいため、乾燥に強いアカマツやネズなどの常緑樹に適し、「白砂青松《はくしやせいしよう》」とよばれる瀬戸内海の代表的景観をかたちづくっている。

瀬戸内海の気候は温暖で、年間を通して平均気温が氷点下になることはないが、表面水温は外洋にくらべると変化が激しい。塩分濃度も降水量の多い夏に低く、河川の多い中国側で低い。これらの特徴は瀬戸内海が内湾的性格をもっていることを物語っている。

こうした内湾的性格をもつ瀬戸内海は、紀伊水道、豊後水道、関門海峡を通して太平洋や日本海に接する開かれた海でもある。

紀伊水道、豊後水道から流水した太平洋の海水はおよそ五時間ほどをかけて、平坦な灘では静かに流れ、島々の間や狭い瀬戸では急流となり、備讃瀬戸西部で出会う。そこで出会った二つの海流は逆流をはじめ、ふたたび瀬戸の流れを形成する。この地域の潮の干満差は二メートルにも達した。潮の流れは大潮・小潮や時間によって複雑な変化を示す。これは内海の特徴であると同時に、瀬戸内海が外洋に連なる開かれた海であることを物語っている。

このように多様な自然環境をもつ瀬戸内海に浮かぶ島々は大小にかかわらず時代の波に洗われながら、それぞれの歴史的過程をへて、今日個性豊かな表情を示している。

歴史に翻弄された島々

愛媛県越智《おち》郡《ぐん》宮窪町《みやくぼちょう》に属する能島《のしま》は豆粒大（周囲八〇〇メートル、標高三一メートル）の小島（岩礁《がんしょう》）で無人島である。この島は十六世紀後半には瀬戸内を支配する海の領主村上氏（能島殿）の拠点として知られていたが、豊臣秀吉の四国討伐ののち廃城、以後、無人の島となり今日にいたっている。

同じ宮窪町に属する四阪島《しさかじま》は燧灘《ひうちなだ》に浮かぶ無人島であったが、明治二十九年（一八八九六）別子銅山《べっしどうざん》を所有する住友家が島を買収し、銅の製錬所を設立、明治三十八年（一九〇五）から操業を開始、その後、煙害問題が発生したが、設備の改良などが行われ、最盛期には島の人口は四〇〇〇人を超えた。昭和四十八年（一九七三）別子銅山の閉山にともない、五十三年（一九七八）に四阪島の製錬所は閉鎖された。そのため住民は移住し、いまでは無人島である。

能島・四阪島は一例にすぎないが、瀬戸内には歴史の波に翻弄《ほんろう》された島々が少なくない。

しかし、これらの島々に住む人びとはときには海を利用し、ときには海に学びながら、海に生きる術をもち、多様な自然環境を利用しながらそれぞれの時代に合った生き方を身につけ、時代を担う役割を果たしてきた。

海運と海賊

古代以来、瀬戸内海は北九州と畿内の文化を結びつける主要な通路であり、中国や朝鮮からの大陸文化を受容する通路であった。

瀬戸内の海民たちはこうした海運の担い手として働き、変化に富んだ潮の流れや、海底環境の変化に応じた操船技術を身につけ、中世から戦国時代にかけては海賊衆として瀬戸内海の政治史を左右するほどの力を持つにいたった。

たとえば芸予諸島中、西国から畿内に通ずる内海の重要な水路の一つである来島《くるしま》海峡は潮流の変化が激しく、室町・南北朝時代には能島・因島《いんのしま》・来島に海賊衆が海城《うみじろ》をかまえ、地理的環境に応じて荘園の警固や「押領《おうりょう》」、年貢の請負い、さらには水運活動、関銭《せきせん》（通行料）の徴収など多様な活動を展開した。

やがて戦国時代になるとその中から、さらに広範囲の海域を支配し、強力な水軍力を有する有力海賊が台頭してくる。芸予諸島から生れた、能島・来島・因島の村上氏がそれである。

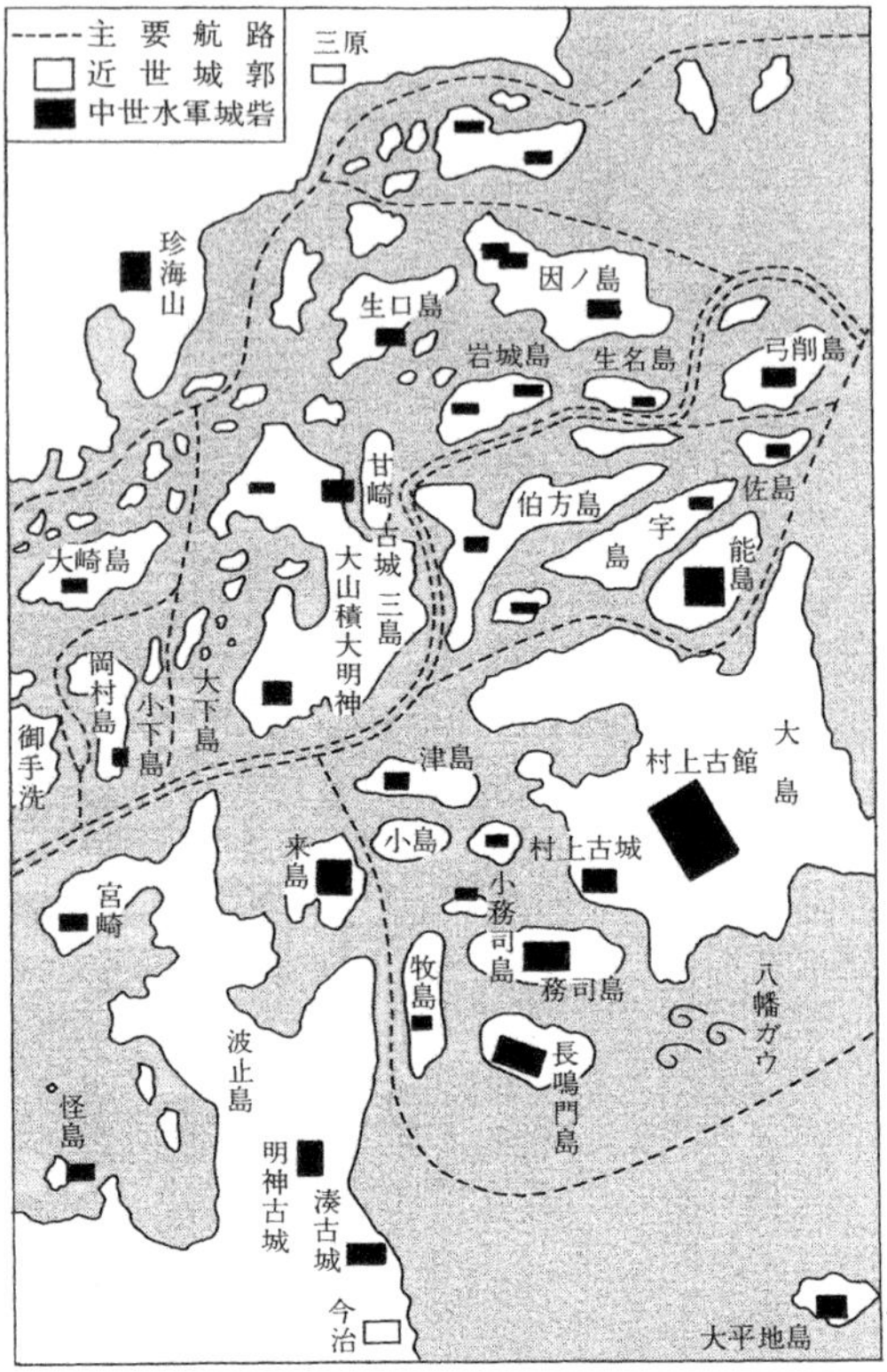

図3　瀬戸内海の海賊城塞図（松山藩士野沢家旧蔵の「伊予国島々古城之図」をトレースしたもの）

海賊衆の活動は芸予諸島以外でも認められていた。応永二十七年（一四二〇）に朝鮮使節として来日した宋希璟《そうきけい》の記録、『老松堂日本行録《ろうしょうどうにほんこうろく》』には浦々の海賊の姿がよく書かれている。そのなかで、蒲刈《かまがり》（広島県上・下蒲刈）島に停泊したおりに出合った海賊について、「東より来たる船は東賊一人を載せ来たれば則《すなわ》ち西賊害せず、西より来たる船は西賊一人

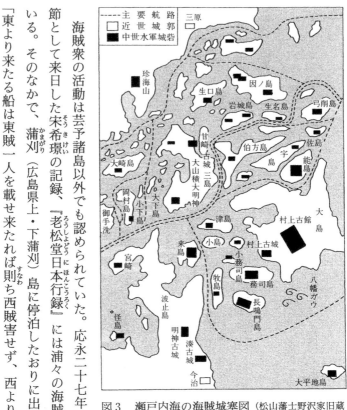

を載せ来たれば則ち東賊害せず」という海賊の掟《おきて》があると記している。この記述は瀬戸内海を東西に二分した海賊の縄張りの存在を示したものである。そこから、その縄張りを前提とした海賊の上乗《うわの》りのあり方を読みとることができる。

このとき同行していた博多の豪商宋金《そうきん》は、銭七貫文を払って東賊一人を雇っていた。この東賊はその海域の西賊のもとに出向いて話しをつけ宋希璟一行は無事通ることができた。

この地域の海賊は航行する船から私的な通行料を徴収していたと思われる。瀬戸内では海賊のことをしばしば「関」と称するが、これは兵庫北関のような公的に認められた関ではないが私的な通行料を徴収した、一種の私的な関であることから称されたものであろうと山内譲氏も述べている（拙編著『瀬戸内諸島と海の道』吉川弘文館、二〇〇〇年）。

海賊村上氏　戦国時代の芸予諸島から現れてきた海賊たちは、芸予諸島を越えて活動範囲を中部瀬戸内海全域にひろげることになる。能島村上氏は周防上関《すおうかみのせき》、備中国《びっちゅうのくに》笠岡、備前国本太《もとぶと》（岡山県倉敷市）などに進出していた。能島・来島・因島の三村上氏に代表される有力な海賊たちは、平時には上乗《うわの》りと呼ばれる、船舶の警固活動を行い、戦時には、水軍として軍事行動を展開することになる。

弘治元年（一五五五）に、毛利元就《もうりもとなり》と陶晴賢《すえはるかた》が雌雄《しゆう》を決した厳島《いつくしま》の合戦、永禄四年（一五六一）に毛利氏と大友氏が戦った豊前蓑島《みのしま》（福岡県行橋《ゆくはし》市）の合戦、毛利氏と織田信長の水軍が戦った、第一次（天正四年（一五七六））、第二次（天正六年）の木津川口《きづかわぐち》の合戦がある。第一次の合戦は、能島村上氏と因島の村上氏が水軍の中核を形成していた毛利氏が勝利したが、第二次合戦は第一次合戦の教訓を生かした織田方が勝利した。

豊臣秀吉は天正十六年（一五八八）に、海賊禁止令を発し、「海の平和」の実現をめざした。この政策によって、海賊衆は水軍力を駆使した警固活動を行うことができなくなり、関役、上乗りなども取締りの対象とされた。

能島村上氏は、小早川隆景が領地である北九州に移住し、瀬戸内を離れていたが、その後、近世大名毛利氏の船手衆《ふなてしゅう》として瀬戸内海に戻ってきた。因島村上氏は早くから毛利氏の家臣団に入っていたが、能島村上氏の率いる船手衆の支配下に編入さ

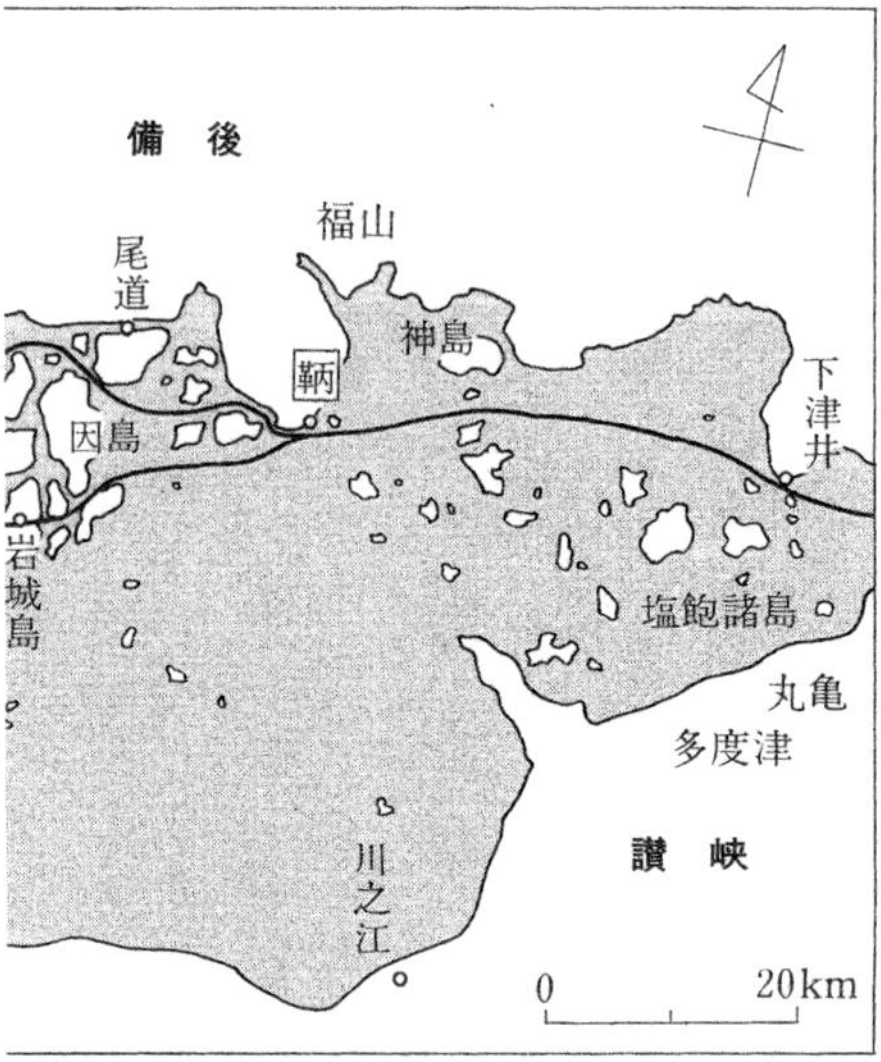

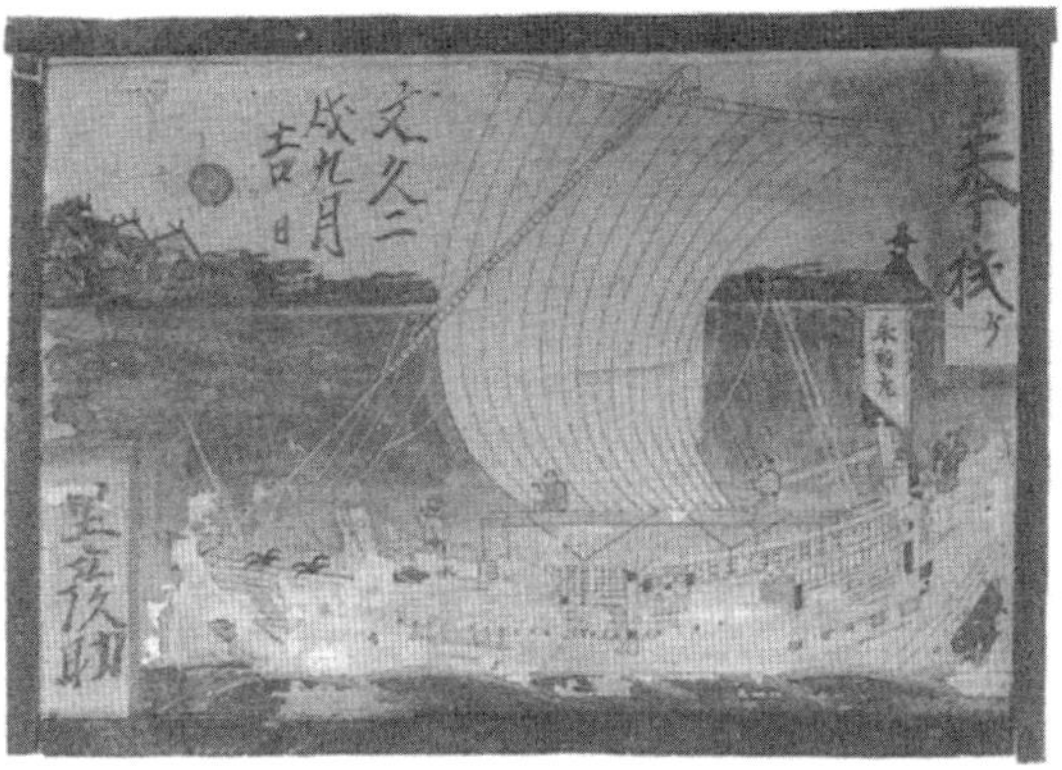

図4　船絵馬（倉橋島尾立の観音堂）

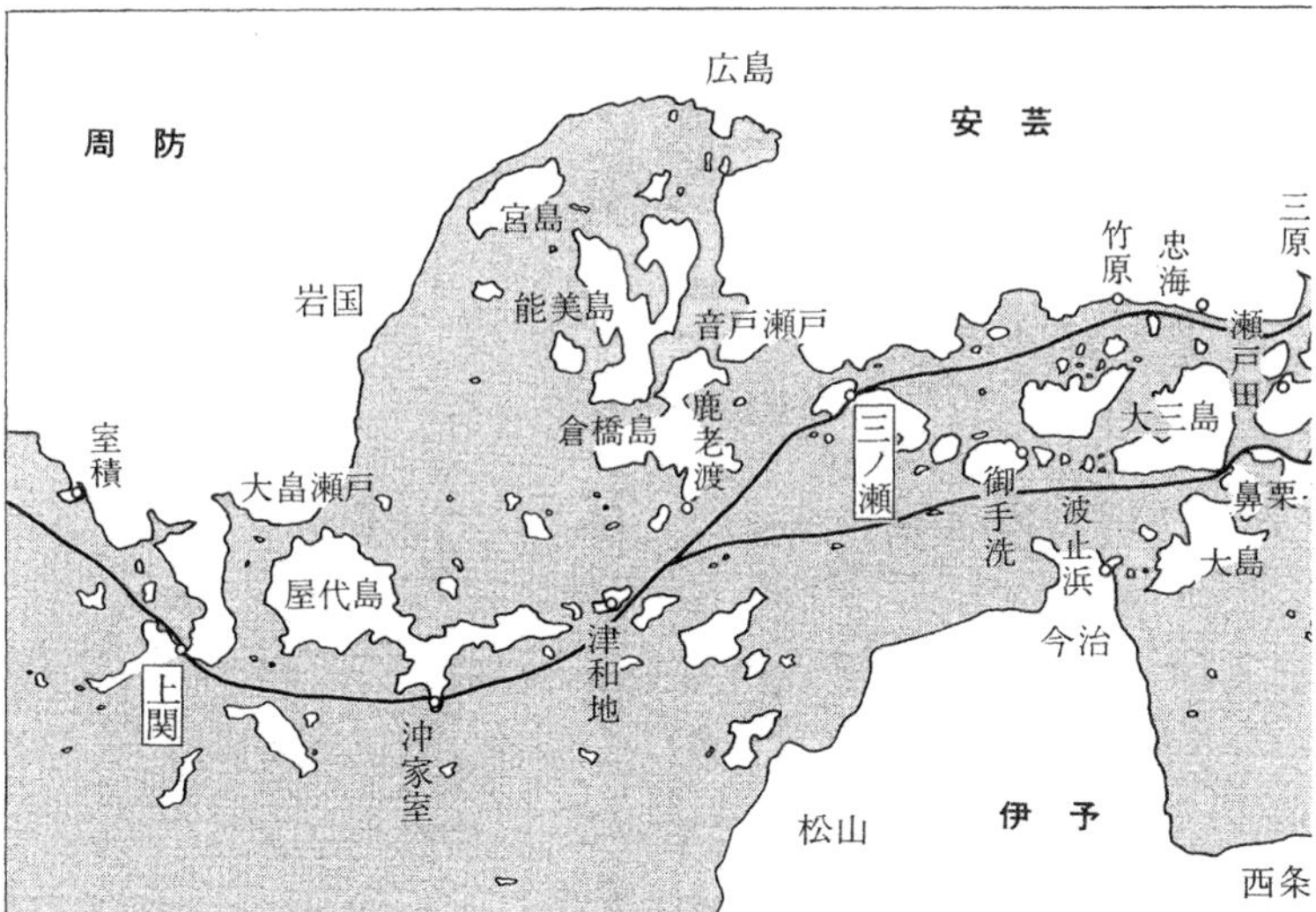

図5　地乗り・沖乗りの航路と港町（『瀬戸内諸島と海の道』より，佐竹昭作図）

れた。また、豊臣氏の力が瀬戸内におよんでくると、いち早くその支配下に入り、一時伊予で一万四〇〇〇石の大名に取りたてられた来島村上氏は、関ヶ原の役後は豊後国森（大分県玖珠《くす》町）に移封され、海とは何の関係もない、山間部の近世大名になった。

海賊から船乗りへ

中世から戦国期にかけて瀬戸内海の政治史を左右するほどの力を持つにいたった海賊衆は、信長によって先駆づけられ、秀吉によって完成された統一政権のもとで、近世大名の水軍として、また統一権力の御用船方《ごようふなかた》として組織化されることになる。

水軍力を駆使して瀬戸内海の覇権《はけん》を左右する力を持った海賊衆の力を支えた舸子《かこ》（加子）たちは武将クラスの海賊衆とほんの一部は行動をともにしたが、その多くは島々、浦々に帰り、身につけた操船技術をもって船乗りとして活躍したと思われる。

彼らの持つ操船技術は政治・文化の中心が江戸・大坂に移っても、藩主の参勤交代、公儀役人の通過、琉球・朝鮮使の通過、なによりも兵農分離、石高《こくだか》制の実施にともなう、幕藩制的市場、流通の編成がすすむなかで一種の御用船方として編成された。瀬戸内海の海《うみ》付《つき》の諸藩は、海辺の村々のうちすぐれた操船技術を持っている村々を舸子浦《かこうら》に指定し、藩主の参勤交代をはじめ公用の際の漕船などの舸子役を負担させた。こうして中世以来海賊が持っていた水軍力や水運力は近世に受け継がれていくことになった。

それればかりではない。江戸・大坂・京都のいわゆる三都と城下町を結ぶ全国市場の発展は大量物資の都市間の輸送の機会を増大させ、西廻り・東廻り航路の開発、江戸・上方間の菱垣《ひがき》、樽《たる》両廻船の開発にともない廻船の舸子の需要は大きくふくらんだ。彼らは帆船時代を通して活躍した。

近世瀬戸内の個性

古代・中世から戦国時代にかけて、多様な自然環境をもつ瀬戸内海で操船技術をはじめ、海に生きる術を身につけた瀬戸内の海民の活躍は、近世に入っても衰えることはなかった。

塩田の発展と文化流入

天下の台所大坂をはじめ、堺や畿内の都市、瀬戸内海をとりまく沿岸諸都市が発展してくると、瀬戸内海の航路としての重要性はもちろん、塩や魚の供給地としての瀬戸内海の重要性は増大し、瀬戸内に生きる人びとの生業は多様化してくる。人間の自然に対するかかわり方、自然の利用の仕方も変化し、それぞれの時代に合った産業や集落が時代を象徴する存在として登場する。たとえば、十七世紀中ごろから瀬戸内沿岸の各地に入浜《いりはま》塩田が

図6　鞆の浦（佐竹昭撮影）

広がってくると、それまで湧き出てくる海水のため作物が育たず、農耕には不向きの土地として放置されていた浜地が、農地の十数倍の収益をもたらす塩田として利用されるようになった。

近世の入浜塩田は慶長期（一五九六～一六一五）以降開発がすすみ、正保～慶安期（一六四四～五二）に成立したといわれている。その代表的なものが阿波国撫養《ぶよう》（斎田《さいだ》）塩田と播磨国赤穂《あこう》塩田であった。赤穂塩田は正保二年（一六四五）、常陸の笠間《かさま》から入封した浅野長直《ながなお》が翌年から開拓をはじめた。赤穂塩田は高度に整備された塩田で、その技術は広島藩領安芸国竹原を

図７　西国名所之内十二赤穂千軒塩屋

はじめ瀬戸内沿岸にひろまった。これらの塩浜は予想外の利益をあげたため、瀬戸内全域の塩浜軒数も十八世紀中ごろには二千余軒に達している。このころの塩田の規模は、それまでの揚浜《あげはま》、自然浜とよばれる塩田より大浜化し、労働力や必要経費は変わらないものの、生産量は大幅に増えた。

生産力の高い入浜による瀬戸内塩業の発展は寛文期（一六六一～七三）ごろからの海を道とした全国市場の発展と結びついて、従来の揚浜による製塩を崩壊させた。

その衰退ないし消滅の過程をみると、瀬戸内産の塩が入ってきても、鹹水《かんすい》を煮詰める薪《まき》材《ざい》がただ同然に入手できる間は塩釜数は増加している。たとえば庄内藩では天和三年（一六八三）ごろから瀬戸内海産の塩が移入されているが、飽海《あくみ》郡の塩釜数は慶長八年（一六〇三）の二八個から延享三年（一七四六）には六三個と増加している。ところが宝暦（一七五一～六四）ごろになると、製塩のための濫伐《らんばつ》から荘内海岸の薪材が欠乏し、奥地の薪にたよるようになり、地元製塩は生産費高騰のため瀬戸内産の移入塩に対抗できなくなり衰退しはじめたといわれている。

そもそも岩塩《がんえん》の存在しないわが国の製塩は、海水から水分を除き、塩を採るものであるから、海水から、どれだけ塩分濃度の濃い鹹水を作り、安い燃料を安定的に確保するかにかかっている。したがって、瀬戸内全域にひろがる大規模な入浜塩田の広範な普及は、瀬戸内沿岸に住む人びとに対し、塩浜で働く機会を与え、縄・莚《むしろ》・塩俵《しおだわら》・材木などの製塩資材、なによりも薪・松葉などの製塩燃料の供給の機会を増大させた。沿岸部には製塩燃料としての松が植えられ、瀬戸内沿岸の山林業を潤《うるお》わせた。瀬戸内の自然美を讃える「白砂青松」はこうした製塩業の発達につれて瀬戸内の人びとがつくり育てたものであった。

瀬戸内産の塩市場の発展は各地からの情報・文化の流入をもたらす。特に上方《かみがた》との塩の流通の拡大は、やがて上方文化の流入をもたらす。元禄（一六八八～一七〇四）以降になると富裕な塩屋の旦那衆《だんなしゅう》の間に山崎闇斎《やまざきあんさい》の流れをくむ神道儒学《しんとうじゅがく》が流行し、和歌・俳諧も盛んになってきた。元禄十六年（一七〇三）には竹原の塩屋の同人によって『俳諧百歌仙』

が、宝永二年（一七〇五）には俳書『懐日記《ふところにっき》』が刊行されている。また『阿波日記』の著者として知られる道工彦文《どうくひこぶみ》も浜主で、塩浜庄屋の次男であった。このように竹原に代表される瀬戸内の学問、文化は製塩業と深いかかわりをもって発展した。そして、次の世代には頼春水《らいしゅんすい》・春風・杏坪《きょうへい》の三兄弟が、さらに春水の子に頼山陽《らいさんよう》が生まれた（『竹原市史』）。

海を利用した生業と生活

瀬戸内の海辺に住む海民たちは製塩業ばかりでなく、魚・貝・藻類などの水産資源を採取する漁業や海の道を利用した廻船業に取り組み、海上交通の要路としての瀬戸内海を利用した諸産業を生みだした。瀬戸内に浮ぶ島々に展開する石材業もその一つである。

かつて宮本常一《つねいち》は土地利用と集落のあり方との関係を中心に瀬戸内に浮ぶ島々を七つのタイプに分類した（宮本常一『瀬戸内海の研究1』未来社、一九六五年）。その一つのタイプとして「採石《さいせき》の島」をあげている。その代表的なものとして、周防《すおう》大島・黒髪《くろかみ》島・浮島・安芸大黒神島《おおくろかみしま》・倉橋島《くらはしじま》・備中北木島《きたぎじま》・白石《しらいし》島・讃岐小与《こよ》島・小豆《しょうど》島・播磨男鹿島《はりまたんがじま》などがあげられている。

これらの島に石工の集落ができてくるのは、瀬戸内海沿岸で、塩田・新田の築造が盛んになり、防波堤や石垣の築造材料である花崗岩の需要が増加し、島々で採石が行われるようになったからだと指摘されている。そこには仕事場としての家は存在するが、生活の場としての条件は悪く、ここに集まった人びとも、ひと稼ぎする間の移住者にすぎなかった。この間の事情を倉橋島の事例からみてみることにしよう。

倉橋島の北西岸に灘《なだ》という村がある。その村に属する集落の一つ光ヶ瀬《みつせ》は、明治になって尾道方面から移り住んだ石工《いしく》たちによってつくられた。一番最初にこの地に向島《むかいしま》の石工たちをつれてきた永井家は広島県の向島の出身で、江戸時代には福山藩の家臣であったといわれている（『倉橋町史・海と人々のくらし』）。

この地の石材生産は石の材質が良くないため行われていなかったが、明治に入って、向いの呉《くれ》をはじめ瀬戸内に面する港湾の整備、さらに京都・大阪・東京の路面電車の敷石としての需要の増大にともなってもたらされたものであった。そして、それは、大量物資の輸送に適した瀬戸内海の海運を利用することを前提に、その意味では海に背を向けたものではなく、むしろ海を背負った産業であったといえよう。

製塩燃料の供給を目的とした山林業はもちろん、因島・倉橋島の造船業、近世以降の全国海運の発展にともなって開発された瀬戸内中部を通る沖乗《おきの》り航路の風待ち・潮待ちの港として栄えた御手洗《みたらい》・鹿老渡《かろうと》といった港町、近代に入り、鉱・工業生産の発展にともない新たな展開を見せた島々や瀬戸内沿岸諸都市も海を背負った生業や産業によって発達したものであった。

このように瀬戸内に住む人びとは内にこもることなく、外界の変化を察知し、ときには時代の流れを先取りし、進取の気風に富んだ個性を身につけ、それぞれの時代を支える脇役としての役割を果たしてきた。それは近代になっても変ることがなく、軍県広島に代表される瀬戸内海の軍事化・工業化の過程でも、島々から増加する海外移民の姿にも認められる。

瀬戸内海の島々に住む人びとにとって、瀬戸内海は、自らの生活を閉ざすものではなく、自らの生活を開放し、隣りあう島々の人びとと生活を共有せしめる場であった。そして、それは渡海船《とかいぶね》、小漁船《こりょうせん》、艀《はしけ》によって結びつけられたものであった。島民たちは同じ島のなかでも艀などを農船として使い畑に渡り、小船を使って隣りの集落や島々に渡る。瀬戸内の島々に見られる段々畑は島の住民たちが船を使って、島に渡り、波打ち際から島の頂上近くまで築いたものであった。こうした出作りの段々畑は瀬戸内のあちこちに見られ、瀬戸内を特徴づける景観をかたちづくっている。

図8　段　々　畑

瀬戸内の島には，汀から頂上に向かってこうした風景が見られる．これは津和地島の段々畑を写生したもの．（二神司朗画集，1988年）

瀬戸内に浮かぶ島々に住む人びとにとって、海は島々を一つの地域社会に結びつける内なる海であった。そして、その海は古代以来、それぞれの時代の文化を象徴する情報が行き交う道でもあった。

自然環境が作り上げた歴史

藤原純友《すみとも》の拠点となった日振《ひぶり》島のように、古代の舟《しゅう》運《うん》の展開のなかで歴史に登場してくる島もあれば、荘園公領制のもとで塩の荘園として栄えた弓削島《ゆげしま》などもある。中世末から戦国期にかけて戦国大名たちを恐れさせた能島村上《のしまむらかみ》氏の本拠地となった豆粒ほどの能島。

近世初頭、塩飽《しわく》廻船の繁栄の地として栄えた塩飽諸島。十八世紀中ごろから沖乗り航路が開拓されてくると、その風待ち・潮待ちの港として形成された備後国田島《びんごのくにたじま》、安芸国大崎下島《あきのくにおおさきしもじま》の御手洗《みたらい》、倉橋島の鹿老渡《かろうと》、伊予国津和地島《つわじ》、周防大島《すおう》の家室《かむろ》が栄えた。

近代に入り、各地の港湾の整備や都市の近代化がすすむと、土木・建築用材として、島々の石が見直され、海に迫る石山の狭いすそに石工の集落が形成された。先にふれた倉橋島の灘地区の集落は明治期に入り、近代化、工業化がすすむなかで港湾整備、都市の土木・建築用材を供給するために、生れた集落であった。

それぞれの時代にまったく違った個性をもって誕生した島の集落は外界を見通した眼を持ち、移住と定住をくり返すなかで生れ、栄え、そして衰退してきた。それゆえに、個々の島々の示す表情は島によってまちまちであり、瀬戸内海地域の歴史はこうした島々のあやなす流れのなかでつくられたといえよう。

瀬戸内海民の世界——倉橋島を中心に

広島県の最南端、広島湾の入口に、瀬戸内海で四番目に大きい倉橋島《くらはしじま》がある。この島は十余の属島をもち、標高二〇〇㍍から五〇〇㍍の山々が全島に散在し、島の集落は海岸線に沿った入江に、島を囲むように点在している。

さまざまな集落の歴史

島には本浦《ほんうら》・尾立《おたち》・室尾《むろお》・海越《かいこし》・鹿老渡《かろうと》・須川《すがわ》・西宇土《にしうど》・大向《おおこう》・重行《しぎよう》・宇和木《うわき》・釣士田《りようしだ》・長谷《ながたに》(伊谷)・鹿島《かしま》の一三の集落がある。そのうち、鹿老渡・須川・西宇土・大向は享保九年(一七二四)の地籍・戸口調査にはない。鹿老渡は享保十五年以降に本浦の三六名が移住し、廻船の寄港地として町場を形成したといわれている。灘《なだ》地区の集落は明治に入って尾道《おのみち》方面から移り住んだ石工たちによって開かれた集落であった。段々畑の目立つ

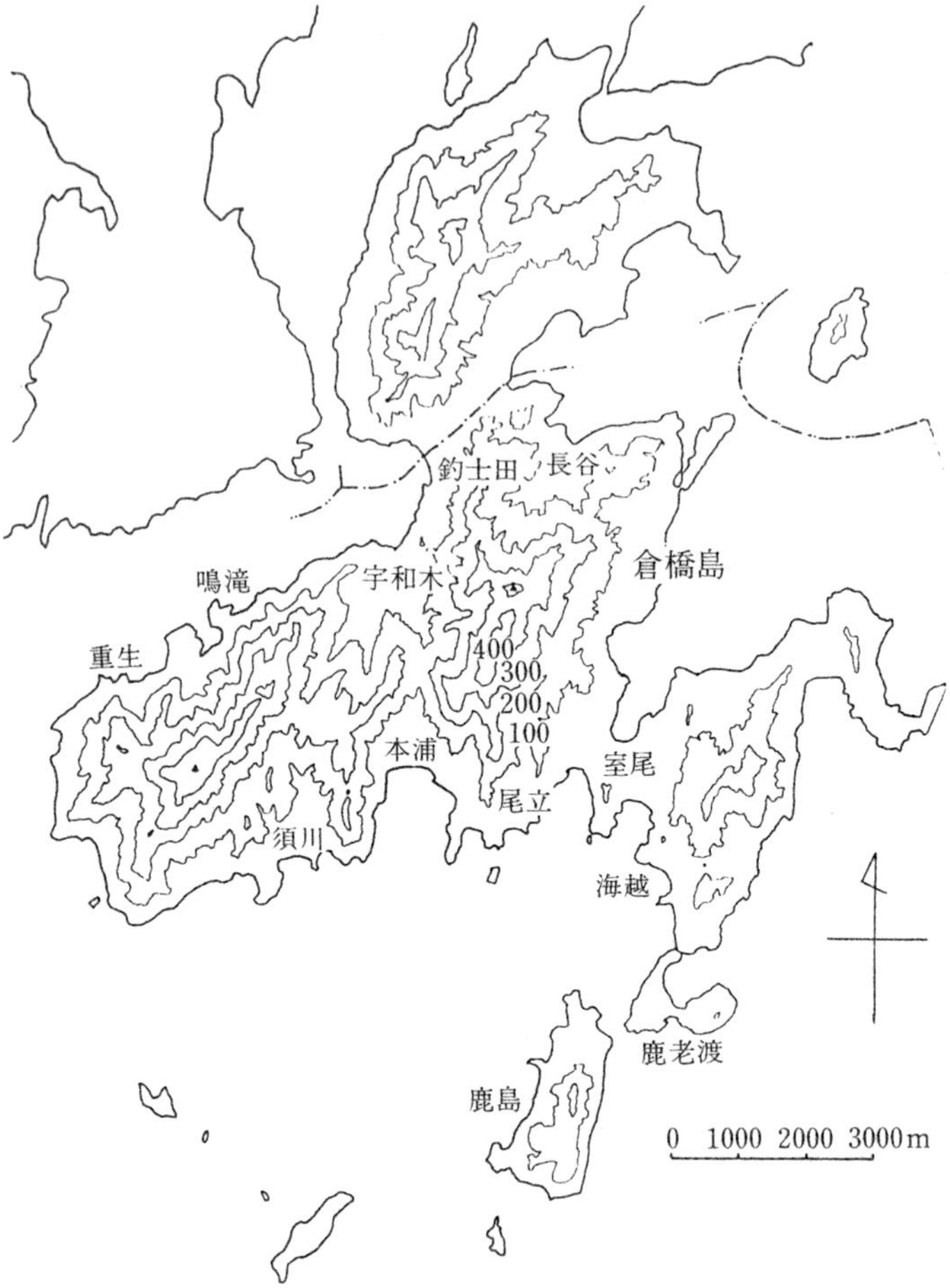

図９　倉橋島の地図（『倉橋町史』通史編より）

鹿島は本浦からの出作りが中心で、この島に人が住みついたのは明治以降、幕末期にはまだ無人島であった。

このように、倉橋島の海に面して存在する一三の集落は、成立年代も、成立事情も異なっている。一見同じ自然環境にあるように見えながら、それぞれの集落は異なった歴史を背負い、異なった性格を持ち、海とのかかわり方も違っていることを物語っている。一島一村とはいえ、倉橋島の集落の特徴を代表的な一、二の集落をもって示すことはできないであろう。

島の生産と消費

こうした瀬戸内の島々の集落、さらに変化に富んだ海村に見られる傾向を、倉橋島の事例を通して見ることにしたい。

表1は明治四十一年（一九〇八）の倉橋島の生産概況を示したものである。この表からみると、この村の農業と水産業が占める比率は五四・一一％、わずかに五割を越したにすぎない。この傾向は大正期を通して、ほとんど変わらない（『倉橋町史』参照）。そのうち、漁業生産物は明治末から大正期にかけて一五％から二〇％で、すべての集落が海に面しているにもかかわらず、その生産額は総生産額の二割にも満たない。

その他の生産物のうちもっとも多いのは二九・〇八％、約三〇％を占める食品加工品で

表１　倉橋島の生産概況（明治41年度）

			円			
農産	穀　　類	米	59724			14.17%
		麦	58505			13.89%
		小計	118229	81.67%		
	特有農産物	果実	2066			0.49%
		食用及特用農産物	17298			4.11%
		小計	19364	13.37%		
	畜　産　物	牛乳	80			0.02%
		卵	7098			1.68%
		小計	7178	4.96%		
	合　　計		144771	100%	34.36%	
水産	漁 業 生 産	漁獲物	83150	99.90%		19.73%
		養殖（牡蛎）	80	0.10%		0.02%
	合　　計		83230	100%	19.75%	
林・工産	林産物雑類	木	9440			2.24%
		竹	100			0.02%
		松茸	96			0.02%
		諸菌類	60			0.01%
		小計	9696	17.79%		
	工産物雑類	石類	44800	82.21%		10.63%
	合　　計		54496	100%	12.93%	
食品加工	食 品 加 工	清酒	75611			17.95%
		焼酎	783			0.19%
		味醂	1248			0.30%
		醬油	10760			2.55%
		味噌	600			0.14%
		小計	89002	72.65%		
	水 産 加 工	田作り・海鼠・煮乾鰮	33505	27.35%		7.96%
	合　　計		122507	100%	29.08%	
加	竹木藁製品	竹製品	162			0.04%
		その他	668			0.16%
		小計	830	5.08%		

工	金属製品	鉛釘・釘・錨など	8775			2.08%
	造　　船	船舶新造	6730			1.60%
		漁船新造				0.00%
		小計	15505	94.92%		
	合　　計		16335	100%	3.88%	
総　　計			421339		100%	100%

史料　倉橋島村『諸表報告綴』

ある。そのうち多いのは清酒をはじめとする醸造品、水産加工品は酒類の約半分である。この水産加工品を加えても、漁業の村経済に占める比率は必ずしも高いものではない。

表2はこの島の移出入表（明治四十一年）である。この島から県外に移出している産物の合計は一二万二八二五円、県外から移入した産物の合計は一三万三一五九円である。県外から移入した産物が一万三三四円ほど多い。移出産物のうちもっとも多いのは五万七〇〇〇円の移出額を示す石材、ついで三万六五〇〇円の清酒である。その他一万円以上の移出額があるのは裸麦と縄だけで、他は煮乾鰯《にぼし》、海参《いりこ》、船釘《ふなくぎ》などの釘類である。

一方、県外からの移入品をみると、もっとも多いのは米、ついで大豆、この二品目で総移入額の六一%を占めている。特に米は、県外移出品で石材についで二番目に多い清酒の原料として移入されたものと思われる。この村の米の生産量は、当時の村の人口一万六一四五人にくらべると、清酒の原料米をまかなうことはできない微々たる量であった。

この島から県外への移出先は大阪・神戸と山口・岡山などの山陽地方、四国、九州とかなり広範囲にわたっている。しかし大阪から東はない。移入先も大阪より東はないが、米についで移入額の多い大豆は北海道、韓国から移入されている。

この移出入表から見ると、この村の中で移出額が多い清酒は原料米を愛媛・山口から仕入れ、島内で醸造し、原料米の仕入地であった愛媛・山口へ移出していることがわかる。また、この島の産業の特徴的な存在である造船も、材料である木材を日向・豊後・山口・伊予、瀬戸内をとり巻く中国・四国・九州地方から買い集め、鉄は洋鉄・古鉄とも大阪・神戸から買い入れ、造船を行っていた。また、船釘を含む釘を移出する一方、大阪・九州

り移入

移入先
愛媛・山口
愛媛・山口
北油道・韓国・温州・岡山
愛媛・山口・岡山・高知
愛媛・山口・岡山・高知
愛媛・山口
岡山・香川
鹿児島
大阪・九州
大阪・岡山・山口・愛媛
大阪・岡山・山口・愛媛
大阪・九州
大阪・九州
豊後・岡山
大阪・九州
愛媛
大阪・神戸
日向・豊後・山口・伊予
日向・豊後・山口・伊予
日向・豊後・山口・伊予
日向・山口・伊予
山口・伊予
山口・伊予
山口・伊予
日向・大分・山口・愛媛
大阪・神戸・山口
大阪・神戸

表2　明治41年移出入表

品名		県外へ移出			県外よ	
		数量	金額	移出先	数量	金額
米					3000	42000
裸麦	石	1650	15200	伊予・岡山・神戸		
小麦	石				80	640
大豆	石				3350	39000
小豆	石	135	1620	大阪・神戸	30000	600
食塩	斤				100	400
清酒	石	850	36500	愛媛・山口		
醬油	石	30	360	山口		
素麺	貫				4000	1800
缶詰	ヶ				1850	280
椎茸						
葉煙草	斤				8400	5700
煮乾鰯		60000				
海参	斤	3500	1225			
絹織物					150	750
綿織物					600	720
絹綿織物					600	780
女帯地					350	1400
男帯地					350	1050
畳表					700	780
釘(船釘ヲ含ム)	貫	2000	800		600	130
瓦					220000	22800
洋鉄					10000	3000
松角材					3050	2400
杉角材					2200	2600
松板	間				670	538
杉板	間				620	650
竹材	間				1480	215
松丸太	間				1320	370
杉丸太	間				2100	630
木炭					25800	1806
干鰯					2000	1400
石材	才	1800000	57000	大阪・神戸・九州		
古鉄					6000	720
縄	把	320000	10120	大阪・九州・岡山・山口		
価格合計（円）			122825			133159

史料　倉橋島村　明治42年『諸表報告綴』

から買い入れている。この事実は、船釘や錨《いかり》などを生産する鍛冶《かじ》がただ単に造船に必要な釘や錨を作るばかりでなく、造船の合間に釘や錨そのものを市場目当てに生産したのであろう。鍛冶に必要な木炭も日向・大分・山口・愛媛から買い入れられていた。

ところで、倉橋島は海に囲まれていながら漁業は全生産額の二割にも満たない産業であった。それを反映してか、煮乾鰯などは移出しているにもかかわらず、このころもっとも商品化がすすんでいた干鰯《ほしか》は大阪・神戸・山口から移入されている。この村の鰯《いわし》漁は船《ふな》曳網《びきあみ》が中心で、関東地方で見られるように地曳網《じびきあみ》でないことが関係しているのかもしれない。

最後に県外からの移入品で注目される点は、素麺《そうめん》、缶詰、椎茸《しいたけ》、葉煙草などの食品・嗜好品をはじめ、絹・綿織物などの繊維製品、つまり衣・食にかかわる消費材は県外からの移入品であることである。この事実は、米麦・大豆をはじめ、塩などがすべて県外から移入されていることを含め、衣・食に関する生活必需品が島内では自給できないことを物語っている。島民の生活そのものが四辺をとり巻く海を媒介とした道をとおして成り立っていたといえよう。

倉橋島の島民たちは、島内に散在する標高二〇〇メートル《メートル》から五〇〇メートル《メートル》の山が落ち込む海岸線に沿った入江に点在する集落に住み、それぞれの自然環境と時代の流れに即した生業と生活を築いてきたのである。

そこから浮び上がってくる島民の姿は、花崗岩におおわれ、あまり土質の良くない土地を耕し、わずかばかりの米・雑穀・野菜を作り、あるいは鹿島《かしま》のように農船に乗って出掛け、波打際から頂上まで石を除き、石を積みあげ、造成した段々畑に蜜柑《みかん》を植え、漁業をすこし営んだ。その一方で米や大豆を県外から仕入れ、清酒や醬油を醸造し、県外に移出していた。倉橋島の清酒・醬油などの醸造業は島の農業に支えられた産業ではなく、瀬戸内をとりまく広島や灘《なだ》の酒・醬油の醸造技術を取り込んだ職人たちによって生みだされ、行われてきた産業であった。したがって、その集落は職人的・町場的性格をもつものであったといえよう。

造船業の繁栄

ところで、倉橋島は古くから造船の島といわれ、遣唐使《けんとうし》船がこの地で造られたという言伝えがあり、本浦《ほんうら》は江戸時代を通して造船場として栄えた。

安永九年（一七八〇）の「倉橋島諸職人書上帳《かきあげちょう》」によると、棟梁《とうりょう》三六名、大工二八七名、木挽《こびき》四九名、大鋸《おおが》一四名、鍛冶《かじ》三五名の計四二一名。加えて彼らの子供二、三百人が

図10　倉橋本浦図（『芸藩通志』）

これを手伝うといい、ほかに板・材木・鉄・炭・まきはだ（槙皮）・釘・たで草などの販売、板材木中負（中背《なかせ》カ）、たで草取りなどが書き上げられている（拙編著『瀬戸内諸島と海の道』吉川弘文館、二〇〇一年、一二五ページ）。享保九年（一七二四）の本浦戸口四九五軒一九〇五人とくらべてみると、その過半を造船関係の諸職商人が占めており、本浦が造船の町であったことがわかる。

倉橋島と東の蒲刈《かまがり》島に多賀谷《たがや》氏が根拠を置いていた中世には、この地域が瀬戸内でもっとも恐れられた海域の一つで、その多賀谷氏が本浦の丸子山《まるこやま》城に拠り、文明十二年（一四八〇）建立の八幡宮がいまも本浦の桂浜《かつらはま》神社として残っていることから考えて、この時代にこの島の造船業がはじまったとの佐竹昭氏の推測はうなずける。また佐竹氏は、寛永十五年（一六三八）の地詰帳《じつめ》（検地帳）に「大工」「鍛冶」などの肩書きを持つ者がみえることからも、江戸時代初頭には造船業がこの地に根づき、本浦が造船の町としての性格をもっていたと推測している。

図11は明治十六年（一八八三）の『船舶造立履歴書』（友沢善和文書）から本浦の棟梁怒和屋《ぬわや》で造った新造船と修理したことのある船の船籍地の数を国別に示したものである。北の渡島爾志郡《おしまにしぐん》三ッ谷村（北海道乙部町《おとべ》）から南の薩摩山川（鹿児島県山川町）まで、取引関係は広い。この『船舶造立履歴書』から、倉橋島の造船が帆船時代のわが国の全国海運を支えるものとして形成されたことがわかる。

つぎに佐竹氏は『瀬戸内諸島と海の道』のなかで倉橋島役場文書、「預銀根帳《あずけぎんねちょう》」を検討し、文久三年（一八六三）から明治二年（一八六九）の間、本浦の棟梁や船大工が注文を受け手付金を受け取った造船のうち、船籍の判明する件数を割り出し、そこから、客筋は安芸（領内備後《びんご》を含む）・伊予・周防《すおう》が中心であり、豊前《ぶぜん》・豊後《ぶんご》・肥前《ひぜん》や讃岐《さぬき》がこれにつづくが、備前《びぜん》・備中《びっちゅう》・備後《びんご》が少ないことを明らかにしている。備前・備中・備後が少ないのは備前牛窓《うしまど》の造船所との客筋の分担関係があったためであろうと推測している。安永七

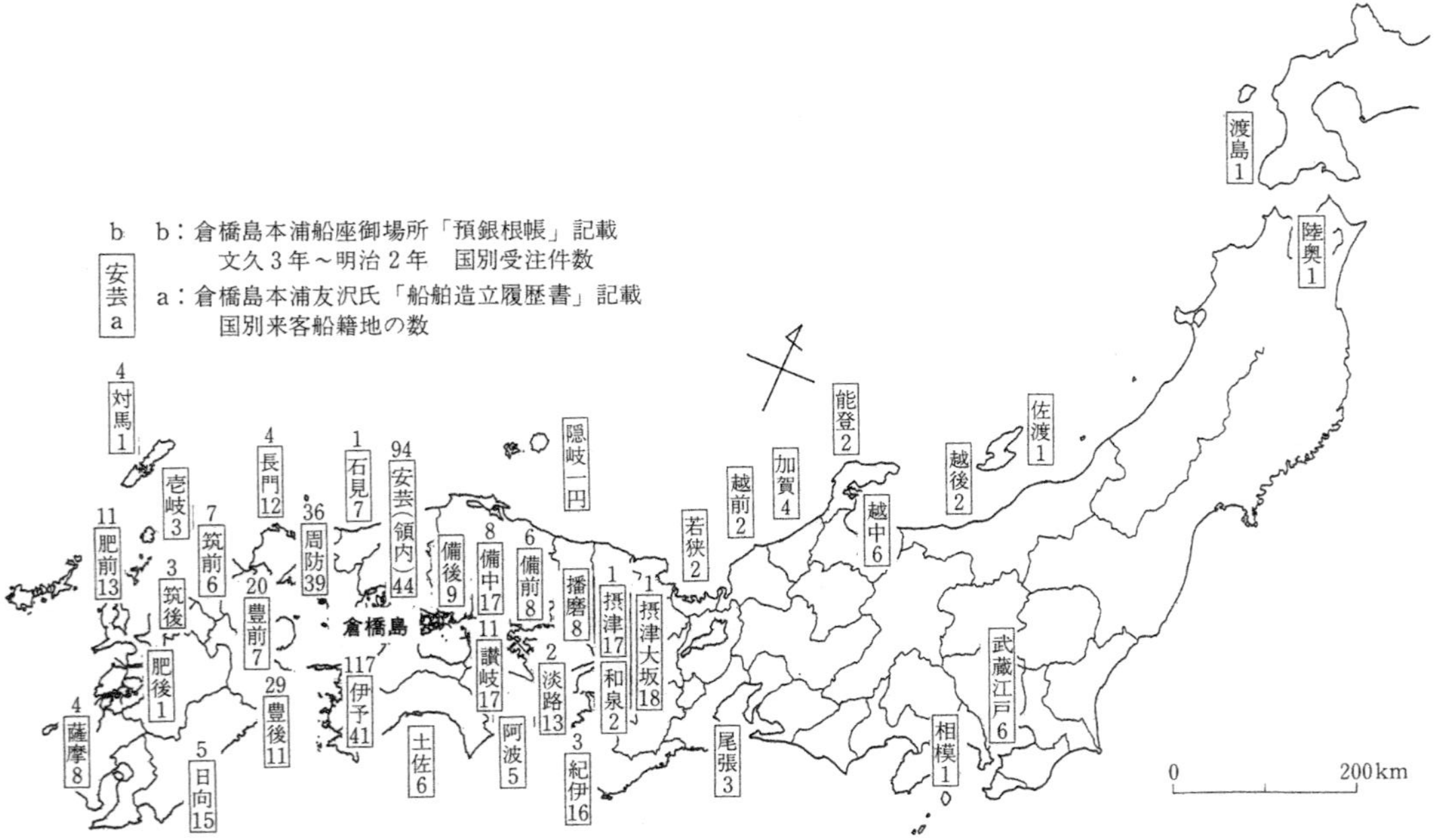

図11　倉橋島本浦造船業の取引先（『瀬戸内諸島と海の道』より，佐竹昭作図）

年（一七七八）、予州三島（愛媛県宮浦町）に新しい船座《ふなざ》場所（造船所）が設けられた際、倉橋にも船大工の招聘《しょうへい》があったが、「備州牛窓船座」と申し合わせて互いに職人を派遣しないという約束を取り交わしている（「天明元年大工万七儀ニ付一巻」）。

瀬戸内には倉橋島の本浦の造船場に見られるような造船地が、備前牛窓や予州三島をはじめ他の浦々にもあったと思われるが、造船に関する研究がほとんど皆無に等しい状況では確認できない。それは漁業史研究にとっても、海運史研究にとっても、基本的要件を欠落させることになっている。

ところで倉橋島の造船業は、廻船や漁船ばかりでなく、諸藩の御座《ござ》船や関《せき》船などの軍船建造にもあたっていた。その過程でたとえば津和野《つわの》屋林氏は寛永九年（一六三二）以来幕末まで和泉流の木割書《きわりがき》を伝え、津和野《つわの》藩の御座船・荷船の造立、作事（修理）を行い、備前屋林氏は瀬戸流の木割書や祭文《さいもん》などの巻物を伝え、唐津《からつ》藩の御用を勤めたという。桂浜神社には天保十四年（一八四三）に前掲の怒和屋友沢氏が奉納した長州関船の板図が残っている。このように棟梁は一般の廻船や漁船ばかりでなく軍船諸流派の木割書などを所持し、それぞれ得意先諸藩の御座船・関船などの造船・修理を行っていた。この事実は、このころの造船所がかなりかぎられた地域に、特殊な職人集団を構成し、その意味での町場として存在していたことを物語っている。

職人の出稼ぎ

こうした造船の町は、先に述べたように棟梁のもとに大工・木挽《こびき》・大鋸《おおが》・鍛冶などの職人が編成され、板・材木・鉄・炭・まきはだ・釘・たで草などの集荷・販売をする商人が船を造ることを目的に仕事を分担し、協業し合いながら生産共同体をつくっている手工業都市としての性格をもっていたといえよう。この造船場の都市的性格、造船業の基層に近代的性格を予見しうるかもしれないが、その本質は近世的社会に適応したものと考えるべきであろう。このあたりに江戸時代とは何かを考える手がかりがひそんでいるかもしれない。

ともあれ、こうした造船のありようは近世後期になるとくずれてくる。諸藩の御座船・関船の建造も文化九年（一八一二）の日出《ひじ》藩の御座船、天保十年（一八三九）の臼杵《うすき》藩用船の浜田屋請負など、大工を現地に派遣して造船を行う事例などが「倉橋町役場文書」の各年「覚書」のなかに見えている。

こうした藩用船の建造ばかりではない、近世後期になると全国的商品流通、特に東廻り、西廻り、樽《たる》・菱垣《ひがき》廻船の盛況にともない、一般の廻船や漁船の需要が増大し、最寄の場所で作事や造船が行われるようになった。瀬戸内の倉橋島本浦、備前牛窓、予州三島などに集中し、発展した造船技術の外延化にともない、造船技術の地方伝播《でんぱ》がすすみ、倉橋島本浦の造船業は資金面でも、また船大工、職人の獲得の面でも苦況に立たされることになった。

倉橋島本浦では、延享元年（一七四四）に直接造船に携わる人だけで四二一名（船大工二八七名）いたが、延享二、三年の船市立、拝借銀の願書には、すでに倉橋島では仕事がなく、職人が下筋へ下り、さらに妻子ともども移住しようとする動きが報告されている。延享元年段階の出稼ぎは一〇〇名を超え、寛保四年（一七四四）の「覚書」（「倉橋島漁協文書」）では大工の三分の一が外に出、文久二年（一八六二）には六〇〇人余の職人のうち三〇〇人余が他出という報告がある（前掲『瀬戸内諸島と海の道』参照）。その行き先をみると、佐伯《さえき》を含む豊後地域と肥前が多い。佐竹昭氏は倉橋からの大工よび戻し状・移住の送り状・往来手形の控、また大分県域の自治体史などを参考に入職地に漁業の盛んなところが多いことから、倉橋の船大工たちは漁船づくりを中心に浦々を廻っていたのではないかと推測している。

以上、瀬戸内の島々に生きる人びとにとって、必要不可欠な手段である船の建造の概要を素描してみた。その結果、近世初頭以来、倉橋本浦・備前牛窓・予州三島などの造船場は各地から集まる諸職人によって町場を形成し、全国的広がりをもった船の需要を満たすものとして発展した。近世後期になると全国的商品市場の拡大、漁業の発展にともなう一般船舶、漁船の飛躍的需要増大は船大工たちの領外への出稼ぎ移住をもたらす。それもこれも、瀬戸内がそれぞれの時代の物資や情報の流通路であり、その情報を進取することによって、あるいは時代の変化を先取りし、仕事の形態を変え、場所を変え、それぞれの時代に合った生業と生活を創造してきたたまものである。

この造船業もこの島で良質の用材が産出するわけでもなく、明治四十一年（一九〇八）の移出入表にも明らかなように、木材はもちろん、釘・錨の原料となる鉄類も県外からの移入品であったことに示されるように、海を渡ってきた職人たちによって支えられた産業であった。

海を背負った人びと

農耕には不向きの自然環境にある倉橋島の島民たちは、島をとりまく瀬戸内海の水産資源を直接対象にした漁業や塩業、さらに海運業に自らの糧を求めるのではなく、海と直接かかわらない酒造や石材業、造船業の職人として生きる者が多かった。しかし、それらの職業を海に背を向けたものと断ずることはできない。ましてや、「海に向かって積極的に生きた人びと」がいつから少数派になり、「海

図12　伊豆上空より内浦湾をのぞむ

を背にして生きる気風」が、いつ、どのようにして日本社会の中で圧倒的になってきたのかを明らかにすることが必要であるという問題の設定（『講座　日本の技術の社会史2　塩業と漁業』日本評論社、一九八五年、九八～二〇〇ページ参照）にはただちに同調しえないのである。

私はかつて西伊豆の西浦の久料《くりよう》村・足保《あしぼ》村の生産構造を検討したことがある（拙著『近世海村の構造』吉川弘文館、一九九八年）。この村々は豆州内浦湾に面し、背後に天城山《あまぎさん》を頂点とする火山が落ち込み、船を繋《つな》ぐべき入江も、浜もない小村である。この村の海に対して積極的に生きる水産業は皆無に等しい。あっても、せいぜい、眼前の海で自ら消費する、魚・貝・藻類を採取するだけであった。こうした村では江戸時代の早期より裏山から伊豆石を切り出し、あるいは裏山の雑木を切り、薪・炭生産で糧を得ていたのである。このような村々が、狩野川《かのがわ》と大瀬崎《おおせざき》を結ぶ内側の湾、広義の内浦湾に面した村々、浦々には多い。浦々の石材の切り出し、薪炭生産を中心とした山稼《やまかせ》ぎは景観といい、対象といい、技術といい、山・里・陸のものであっても、少なくとも海のものではない。だからといって、石工、薪・炭稼ぎに生きる、海付の村に住む人びとをまったく海に背を向けた気風を持った人びとと言い切ることができるのか。私はこうした村々の生産構造を分析することにより、これらの生業が重量の重い、大量の物資の輸送にもっとも適した海運を、海のもつ道としての機能を積極的に取り入れた生業であり、産業であったと考えたのである。これらの生業や産業は「海に背を向けた」(『桜田勝徳著作集』1、名著出版、一九八〇年、二三八ページ)、あるいは「海を背にして生きてきた」(宮本常一『海に生きる人々』未来社、一九六四年)と表現しうるものではなく、「海を背負った」海民の知恵であり、進取の気風に裏打ちされたものであったというべきであろう。天城《あまぎ》の山々に広がる、薪炭生産は、韮山《にらやま》の江川代官所(江川太郎左衛門)支配のもとで江戸の燃料供給地として育てられ、土肥《とい》の鈴木二平船（拙著『近世海村の構造』、第五章「豆州内浦組土肥の諸職・職人」参照）のように伊豆の諸浦の廻船は御用薪炭を江戸に運ぶものとして江戸時代を通して発展した。豆州西浦では裏山から切り出された伊豆石も薪やそだ木も戸田《へだ》や井田の小規模廻船によって、江戸、ときには沼津に運ばれていた。天城の諸山が汀《みぎわ》まで落ち込み、背後にも海岸沿いにも石や薪炭といった大量の物資を運ぶ道も手段もない、この地域の村々の石材切り出し、薪炭生産は、沼津をはじめとする駿河湾に面した地方都市と最大の消費都市江戸・東京を結ぶ道としての海を背負い、その条件を積極的に利用した生業であり、産業であったといえよう。

海付の村の風景

このような海付の村の風景は、必ずしも農耕に適しているとはいえない島の多い瀬戸内海に散在する集落にも認められる。

瀬戸内海に面した海村の海民たちのなかには能地《のうじ》漁民のように家船《えぶね》で生活し、海を生業・生活の場として生きる人びともいれば、瀬戸内から、朝鮮・台湾沖まで回遊する魚を追って、移住と定住をくりかえしながら漁をする漁民、多種多様な漁具・漁法を使って、年間を通して小漁を行い、海に向かって積極的に生きる漁民もいる。

こうした、海を直接に生業・生活の場として漁業を営み、あるいは水夫となって海で働く者がいる反面、海に接しながら、漁業も水夫もまったく見当たらない村が瀬戸内には多い。しかし、そこに住む人びとは決して海に背を向けて生きてきたのではない。むしろ、古代以来、それぞれの時代の文化を象徴する情報が行き交う道である瀬戸内海と向き会い、進取の気風をもって瀬戸内を渡る情報をとらえ、ときには時代の流れを先取りしながら、生業や生活を変えていったのである。

瀬戸内に浮ぶ島々をみても、古代の舟運《しゅううん》が展開するなかで歴史上に登場してきた日振《ひぶり》島《じま》、荘園公領制のもとで塩の荘園として栄えた弓削島《ゆげしま》、中世末から戦国期にかけて能島《のしま》村上氏の本拠となった能島、近世初頭、塩飽《しわく》廻船の繁栄の地として栄えた塩飽諸島がそれぞれの時代を現す個性を持って存在していた。十八世紀中ごろから鞆《とも》を出て布刈《めかり》瀬戸を抜け、忠海《ただのうみ》沖から蒲刈三之瀬《かまがりさんのせ》—津和地《つわじ》—上関《かみのせき》へと往来する陸伝いの地乗り航路に替って、鞆から弓削瀬戸に入り、岩城《いわぎ》—鼻栗《はなぐり》—御手洗《みたらい》—鹿老渡《かろうと》—津和地—上関へと往来する沖乗り航路の発達にともない、風待ち・潮待ちの港町として生れたのが大崎下島《おおさきしもじま》の御手洗であり、倉橋島の鹿老渡であった。御手洗は安芸国大崎下島の大長《おおちょう》村と伊予国岡村島《おかむらじま》との間の波静かな水道を埋めたて、周辺の島々から人びとが移り住み港町として栄えた。開発当初は諸廻船に薪・水・食料などを供給する商いが中心であったが、やがて、廻船間の積荷の売買を仲介する中継的商業が行われるようになった。

倉橋島の鹿老渡もまた、御手洗と同じように沖乗り航路が開かれると、すでに述べたように享保ごろから本浦《ほんうら》や周辺地域から人びとが移り住み、風待ち・潮待ちの港町を形成した。鹿老渡にも御手洗と同じように薪・水・食料を諸国廻船に供給し、さらに諸国廻船間の積荷を売買する中継的商業が展開していた。

こうした中継的商業も、後背地を持たないがゆえに、その展開はおのずと制約されざるをえない。航路の変化、流通構造の変化はただちに港町の浮沈に結びつく。瀬戸内の港町は瀬戸内海の生産・流通構造の変化、そこを流れる情報の変化をとらえる目を持ち、ときには時代の流れを先取りしながら生きる人びとによってつくられ、生かされてきた。瀬戸内に浮ぶ島々に住む人びとにとって、海は自分たちを外界から閉ざすものではなく、自分たちを隔絶された外界と結びつけ、周囲の島々を一つの地域社会に結びつける内なる海であった。その海を背負い、そこを流れる情報をとらえ、自らの生き方、自らが住む空間を変える進取の気風に富んだ地域社会が瀬戸内であり、海を背負った海村であった。

海辺の環境と暮らし

西伊豆内浦の村々

海村の視点

列島をとり囲む海辺の村々、浦々には海を生業の場とする塩業や漁業、海を道として利用した廻船《かいせん》業、さらに海を主たる輸送路とした林業・薪炭《しんたん》業・石材《せきざい》業など、海とかかわる暮らしがあった。

従来、こうした村々は一部の港町をのぞいて、漁業に注目することによって漁村と呼ばれ、半農半漁の村といわれてきた。しかし、漁業というかたちで海にかかわらなくても、海をさまざまなかたちで利用した生業や暮らしがあった。こうした海にかかわる生業に生きる村を海村《かいそん》と呼ぶことにしたい。

ところで私は昭和五十八年（一九八三）以来、九十九里の地曳網漁業の調査を皮切りに

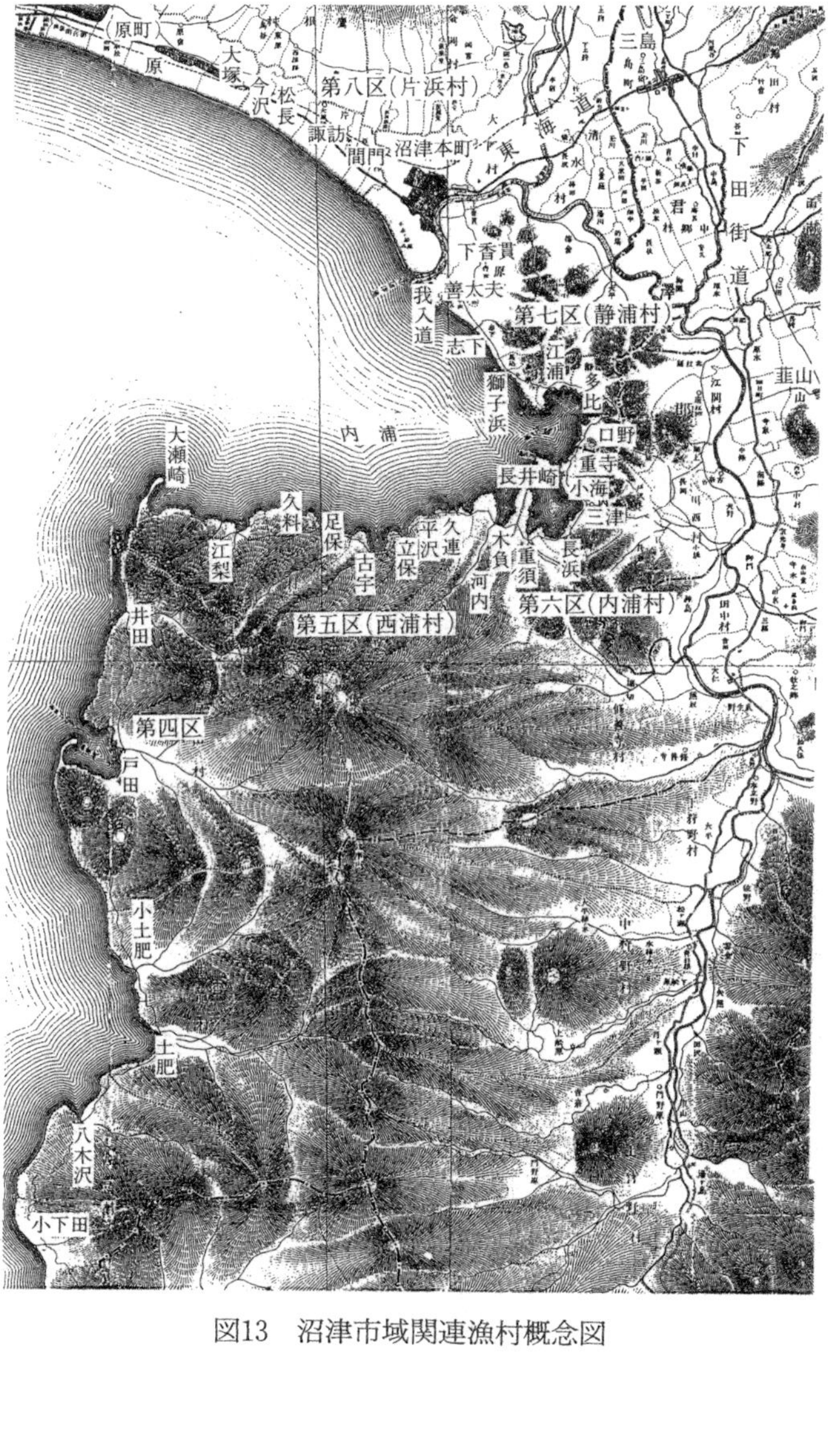

図13　沼津市域関連漁村概念図

図14　天保3年伊豆紀行　二　内浦ノ景

西伊豆、豆州内浦、さらに瀬戸内の島々と、調査を重ねてきた。その結果、先の瀬戸内の海村に見られるように、漁業や漁村の姿はそれぞれの村の位置する自然環境、社会環境に応じて多様であり、さらに海村の場合は一見、同じような自然環境にあるように見えながら、村の構造に顕著な違いが認められることを知ることができた。

内浦湾の環境

たとえば近年調査をすすめている沼津市は、西南端の大瀬崎《おおせざき》から内浦湾、狩野川《かのがわ》河口をへて原宿《はらしゅく》にいたる、総延長約四七キロにおよぶ、長い海岸線をもっている。その海岸線は背後に達磨《だるま》山・鷲頭《わしづ》山・大平《おおひら》山・金桜《かなさくら》山が迫り、海岸の大部分が岩石に覆われている西浦《にしうら》・内浦《うちうら》・静浦《しずうら》、狩野川から流れ出た土砂が堆積した獅子浜《ししはま》の大久保の鼻（山）から狩野川河口に至る砂浜地帯、さらに富士川河口から流れ出た土砂が堆積した千本松原《せんぼんまつばら》と呼ばれる砂丘地帯と、異なった自然環境をもっている。

こうした自然環境の異なった海岸線に沿って、江戸時代には沼津本町、原宿をはじめ三五の浦や村が散在していた。

内浦湾には、西浦・内浦・静浦の三浦があり、そのうち、内浦・静浦の村々は、それぞれ三津《みと》湾・江浦《えのうら》湾と呼ばれる深い入江に面している。しかし、西浦には深い入江はなく、大瀬崎近くの江梨《えなし》に砂浜があるだけで、他の七村は小さな半島や岬によって鋸《のこぎり》の歯状に細分され、大岩巨石が海岸・海底を覆い冬は北風が厳しく、波浪が打ち寄せ、繫船にも曳網《ひきあみ》漁にも不向きな自然環境にある村々であった。こうした環境の間に散在する村々は、漁業の占める比率は低く、海上の道を利用した薪炭稼ぎや石材の切り出しによって生計をたてていた。

たとえば久料《くりよう》村や足保《あしぼ》村は同じ西浦に面し、砂浜もあり、漁業が盛んな江梨村に隣接していながら、背後には起伏に富んだ山が迫まり、大岩巨石が海底までつづき、冬は北風が厳しく、波浪が打ち寄せ「全汐早にて大風波当厳敷《あたりきびしく》」と記されているように、漁業には不向きな場所であった。両村とも江戸時代の村高は一三石あまり、家数も一五軒あまり、人口が八〇人前後の小さな村であった。

内浦湾の漁業

明治二十三年（一八九〇）から同二十四年にかけて行われた『静岡県水産誌』の調査にも、久料村・足保村の漁業が、それぞれの村の総生産に占める割合は海に面していながら三割にすぎなかったと報告されている。残りの七割はネコのひたいほどの土地を耕やす四割ほどの畑雑穀の生産と三割の林業で占められていた。その農産物の生産高は、わずか八〇人ほどの村民を養うこともできない微々たるものであった。林業も裏山の雑木を切り出し、江戸・沼津に積み出す薪・真木炭《まきずみ》生産が中心であった。

久料村や足保村のように山が迫り、船を繋ぐべき入江も浜もない、それゆえに農業でも山稼《やまかせ》ぎでも生活を支えられず、漁業にも不向きな自然環境にありながら、全村民が自らのぎりぎりな生活を維持するために漁業を営む村が伊豆半島をはじめとする日本の海村には多い。

こうした村には当然のことながら資力豊かな網元・津元《つもと》と呼ばれる漁業経営者はなく、久料村・足保村の場合、伊豆半島に沿い、黒潮に乗って回遊してくるマグロ、カツオ、ウズワ（ソウダカツオ）、メジカ、イルカなどを採捕する立網《たてあみ》も村有であり、津元は村名主が職務上勤めていた。しかも、久料村・足保村の場合一村では網を持てないため、両村の共有であった。こうした村での漁獲物の配分は後述するように、津元（網元）―網子《あみこ》の関係が確立し、網元・津元と呼ばれる経営主体が独立している場合とはまったく違っている。

マグロ・カツオ・ウズワ・メジカ・イルカといった、伊豆諸島に沿って北上してきた大型の回遊魚を建切網《たてきりあみ》を使って捕獲し、内浦湾（狩野川河口と大瀬崎を結んだ内側の湾）に面した海村の中でも、もっとも漁獲量の多い江梨《えなし》村の隣りに、こうした海村集落が存在しているのである。

江梨村には三津《みと》湾や江浦《えのうら》湾のような深い入江はないが、瀬洞《せぼら》、来海洞《くるみぼら》と呼ばれる二つの網戸場《あんどば》（建切網の漁場）があり、四人の津元《つもと》（網主）によって組織された四網組が、この漁場を二日交替で利用していた。

ところで江梨村・久料村・足保村をはじめ九ヵ村が明治以降合併して西浦《にしうら》村となるが、その西浦村に合併された旧村の中には久連《くづれ》、平沢の二村のように海に面していながら漁業をほとんど営まない村もあった。

西浦村木負《きしょう》から長井崎を越え、内浦に入ると景観は一変する。湾口のほぼ三分の一を淡島が塞《ふさ》ぎ、風波の影響の少ない袋状の三津湾に沿って、重寺《しげでら》・小海《こうみ》・三津・長浜・重須《おもす》の旧五村の集落がつづく。この五ヵ村は明治になると合併し内浦村となった。この五ヵ村がとり囲む三津湾の海岸線は磯浜と入江の砂浜が交互に、しかも小規模にくり返しつづく。その海岸線に沿って狭い海岸段丘があり、そこにわずかな田畑をもつ集落が旧五村であった。

三津湾の建切網漁

三津湾は春から夏にかけて伊豆七島に沿って北上してくるマグロ・カツオなどの回遊魚が最初に入る袋状の小湾であり、内浦村に属する旧五ヵ村は、各村の地先にある洞《ほら》と呼ばれる小さな入江を網戸として利用し、建切網漁を行っていた。

各村の地先には、たとえば長浜村なら五ヵ所、重寺村には四ヵ所、重須村には四ヵ所、小海村には二ヵ所の建切網（塞網《ふさぎ》・大網）を落とし、網内に入った魚を捕獲する網戸場《あんどば》と呼ばれる漁場があり、各村に居を構えた数名の津元と呼ばれる建切網漁の経営者が複数の網戸場を相互に利用しながら漁を行っていた。

たとえば長浜村の五ヵ所の網戸場は、四名の津元が三月一日から九月晦日《みそか》の間は二日交替に、十月一日から翌年二月晦日までは五日交替に操業する取決めをしていた。

図15　天保3年伊豆紀行　四　同漁猟場ノ景

建切網漁は三津湾に面する五ヵ村を代表する漁業であり、重寺村や長浜村では漁獲高が村全体の総生産額の七割、九割を占めていた。

当然、津元以外の漁民も建切網を行う意欲を持っているであろう。長浜村では彼らとの間で、津元以外の村人が建切網漁をする場合には網戸持《あんどもち》と寄合（共同）ですることを取り決めている。これは、建切網漁がこの地域の代表的漁業であったことを物語っている。

こうした漁場条件の良い三津湾に面しているにもかかわらず、重須・小海・三津の三ヵ村の漁業は五割に満たない。重須村では農業の比率が七割を占め、三津村では農

図16　建切網絵馬（明治40年11月吉日，口野・金桜神社蔵）

業四割、商業五割、漁業は村の総生産額の一割にも満たない。小海村は漁業がかろうじて五割を占めていたが、残り二割を商業、三割を農業が占めていた。

このように内浦地区の旧五ヵ村は三津湾に面するという同じ環境にありながら、それぞれかなり違った性格をもっていたのである。専漁の村といいうる長浜村には、内浦・西浦さらに君沢《くんたく》郡の西伊豆の浦々の浦組織である内浦組の大庄屋を勤める津元大川四郎左衛門家があり、この地域の建切網漁を中心とした漁業の中心地であった。

これに対して重須村は、耕地がやや広く、農業の比率が七割を占め、三津村は農業が四割、商業が五割を占める、内浦湾に面したこの地域の流通の拠点としての性格をもつ集落であった。

このように西浦、内浦の集落はそれぞれ同じ環境にあるように見えながら、性格の違った集落が存在していたのである。それでも、内浦村の場合は相対的には建切網漁を中心とした漁業が盛んな地域であったということができる。

江浦湾の漁業

しかし、淡島《あわしま》を境に三津湾と並ぶ江浦湾と呼ぶ深い入江に面した口野《くちの》村・多比《たび》村・江浦村は背後に鷲頭山・大平山・金桜山の断崖が迫る陸の孤島を思わせる村であった。この三村には江浦湾の網戸場を利用した建切網漁が行われていたが、それほど漁業は盛んではなく、口野村・多比村の場合は湾岸をとりまく山から石材を切り出し、深い入江から船で積み出す石材業が村人の生活を支えていた。江浦の農業・漁業は三割にも満たなかった。

江浦湾に面した村々では明治期以降、カツオの一本釣り漁が盛んになると、湾内に生簀《いけす》を浮かべイワシの活餌《いきえ》業を営むようになり、「イキョ」と呼ばれる竹製の籠を編む職人も現れた（一七七ページ図28）。口野村や馬込《まごめ》村・志下《しげ》村・島郷《とうごう》村・我入道《がにゅうどう》村などで、揚繰《あぐり》網《あみ》を使った餌鰯《えいわし》漁が行われるようになったのもこのころである。

図17　鰯地曳網漁絵馬（明治25年10月10日，島郷・瓦山神社蔵）

香貫から千本松原へ

江浦湾口、大久保の鼻（山）を回ると景観は一変する。海岸線は狩野川河口から押し出された砂が堆積することによってつくられた砂浜が牛臥《うしぶせ》山の山裾に沿ってつづき、獅子浜村と馬込村の境に岩礁があるだけ。背後には平野が開け、香貫《かぬき》の農村が後背地をかたちづくっている。

　このような自然環境・海底環境の変化に応じて漁業の姿も、村人の生活も一変する。西浦・内浦・静浦と呼ばれる、いわゆる三浦の特徴的漁業として展開してきた建切網漁に替って地曳網漁や餌鰯揚繰網漁が漁法の中心になり、水産物加工業や農業も重要な生業となっていた。志下や島郷では農業が村の生産の六割から七割を占めていた。

沼津市域の海岸線は狩野川河口から原宿までつづく。この地域は富士川から流れ出た土砂が駿河湾の流れのため、二十数キロにわたって砂州《さす》として堆積し、形成されたものである。砂丘一帯の黒松は古くから千本松原《せんぼんまつばら》と呼ばれ東海の名勝地として知られてきた。

この砂州上の沼津本町・片山・原地区の村々は海岸線に沿った松林の北側東海道沿いに列居し、その奥に田畑が開け、愛鷹《あしたか》山の裾野にある愛鷹・浮島《うきしま》の村々に連なっている。こうした後背地に農村が開けた社会環境と相まって、多くの単純労働力（曳子《ひきこ》）を必要とする大地曳網・小地曳網漁業が江戸時代から発達していた。明治二十年代（一八八七～九六）の調査によると、農業が総生産の八割を占め、漁業の比率は低く、概して、水深の浅い狩野川河口に近い大諏訪・小諏訪や東間門《まかど》・西間門で低く、西へ行くほど高い。しかし、高くてもせいぜい三割ほどであった。

この地区は遠浅の砂浜である。そのため船を繋留《けいりゆう》することができる入江も港もない。それゆえ、大型の漁船はなく、地曳網以外は小漁船による手繰網《てぐりあみ》や釣漁があるのみであった。

このように海付《うみつき》の村々は沼津市という狭い地域をとってみても、自然環境の変化に応じて景観も漁業のありようもまったく異なった姿を示すのである。しかも、暖流・寒流に乗って回遊する回遊魚の場合は季節性があり、また磯や砂地に生息する魚類の動きも海水温の変化に左右されるため、漁民の生活も年間を通して多様な展開を示すのである。

西伊豆の場合は、黒潮に乗って回遊してくるマグロやカツオなどを主たる対象魚とする漁民も多く、冬期には北風が厳しいため沼津本町や江戸への薪炭生産や石材の切り出しを行っている。この山稼《やまかせ》ぎも、村によっては余業の域を出ないものもあるものの、内浦湾を越えて沼津本町へ、伊豆半島を越え相模湾を海の道として利用した商品生産であった。

このように、自然環境・季節変化に応じ、また、時代の変化に応じ多様な姿を示す海村や海民の姿は瀬戸内の海村や海民ばかりではなく、西伊豆の付け根の沼津市域という限られた地域の海村・海民の暮らしの中にも顕著に認められるのである。

房総の海と生業

房総半島

房総《ぼうそう》半島は三方を海に囲まれ、その総延長はほぼ五〇〇キロにもおよぶ豊かな海岸線をもっている。

半島は南から北に向かって高度を減じ、房総丘陵、下総《しもうさ》台地、利根川《とねがわ》・江戸川《えどがわ》沿岸の低地につづく。東の太平洋岸に九十九里平野が開け、西の東京湾岸には三角州が連なる。南部の房総丘陵は断層地形で起伏に富み、清澄《きよすみ》山地・嶺岡《みねおか》山地や加茂川《かもがわ》沿いの長狭な平野、館山《たてやま》の地溝が海岸に達し、外房《そとぼう》・安房《あわ》の断崖や岬、館山《たてやま》湾などの深い入江が入り組んだ岩石海岸をかたちづくっている。館山から金谷《かなや》にいたる、俗に東京外湾と呼ばれる地域は浦《うら》賀水道《がすいどう》に面し、屈曲に富み、内房《うちぼう》と呼ばれ、海岸には小さな漁港が並び、一年を通して霜《しも》

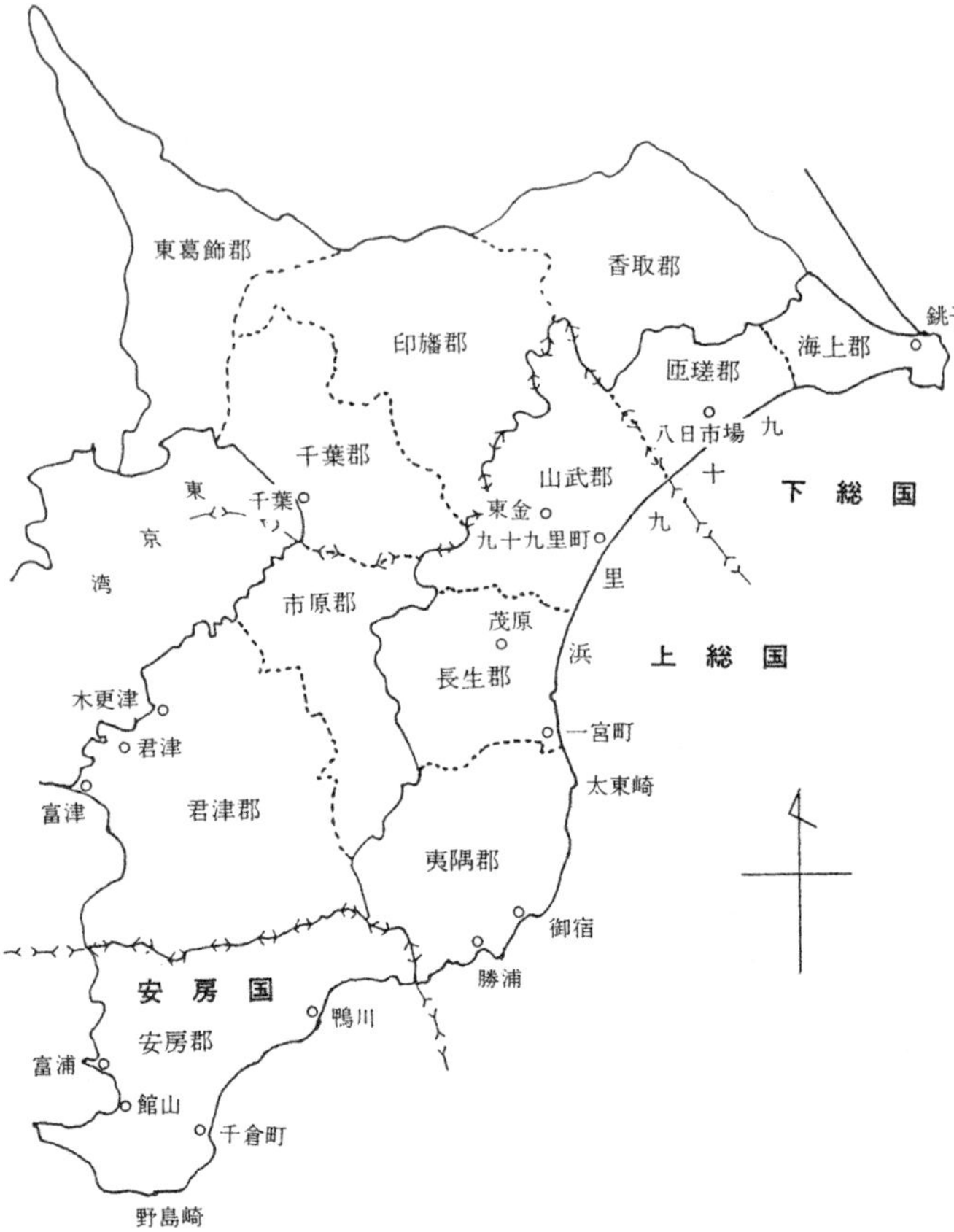
東葛飾郡
香取郡
印旛郡
銚子
海上郡
匝瑳郡
八日市場
千葉郡
山武郡
九
十
下　総　国
東
千葉
東金
九十九里町
九
京
湾
里
市原郡
茂原
浜
上　総　国
長生郡
木更津
君津
一宮町
太東崎
富津
君津郡
夷隅郡
御宿
勝浦
安　房　国
鴨川
安房郡
富浦
館山
千倉町
野島崎

図18　房総の地図

の降りることのない南国性の気候の地帯である。

この地帯の海付の村は今日では漁業ばかりでなく、南国性の気候を利用したビワなどの果樹や草花の栽培を行っている。それは、この地域が近代に入ると東京市民のための避暑地化が進んだことにみられるように、古くから江戸湾（東京湾）を交通路として、江戸（東京）に結びつけられた経済圏にあったことを物語っている。

内房から江戸内湾にかけての海辺の村には、古くから、五大力船《ごだいりき》や押送船《おしおくり》があり、簡単な船着場、荷揚場がつくられていた。こうした船着場からは年貢米をはじめ材木・薪・炭・水産物などが江戸や浦賀・神奈川などに輸送された。江戸湾は、内湾をとりまく中小の港や船着場が綾なす航路によって、一つの経済圏、生活圏として結ばれていたのである。

この海の道を利用して、上総《かずさ》丘陵と呼ばれる山間部からは、上総丘陵を源として江戸湾にそそぐ、養老《ようろう》川・小櫃《おびつ》川・小糸《こいと》川・湊川を利用して材木・薪・炭など江戸の必要物資を河口の港に運び、五井《ごい》・木更津《きさらづ》・大堀《おおぼり》・湊《みなと》で五大力船などの中小の渡海船《とかいせん》に積み替え江戸や「向地《むこうじ》」に運んだ。

このように、上総丘陵の材木や薪炭生産は川舟と渡海船を使った、海を背負った産業であったといえよう。ここにも、塩業や漁業のように海を直接対象としたものではないが、海にかかわる産業があった。

養老川や小櫃川では近世のはやい時期から、河川を使う輸送ルートの整備がすすめられ、川舟の船持たちも組合仲間を結成し、大堀・湊で川舟の荷物からの徴税も行われていた。また、近世中期になると川の上流に領地を持つ大名たちは陣屋を置いたり、御山番《おやまばん》を置くなどして、薪炭の生産と流通を統制した。

江戸湾と関西・紀州漁民

ところで、江戸湾内の漁業は芝金杉浦、本芝浦などが、徳川家康の関東入国を契機に魚貝類を上納させる御菜浦《ぎょさいうら》に指定されてから急速に発展した。房総でも船橋浦が御菜浦に指定されている。

このような幕府の御菜浦に指定された村々は佃島《つくだじま》や深川猟師町《りょうしちょう》のように摂津漁民の移住により開かれたものが多い。また元和年間（一六一五〜二四）に現富津《ふっつ》市の萩生《はぎゅう》村には紀州栖原《すはら》村の北村角兵衛が移り住み、桂網《かつらあみ》をはじめたといわれている。

このころの関西漁民によって開かれた江戸近在の漁業は、江戸市中の魚食需要を満たすものとして発達したものである。それは主に紀州漁民の進出によってはじまった外房、特に九十九里浜の鰯《いわし》漁業とは性格を異にするものであった。

近世初期の紀伊・和泉《いずみ》・摂津《せっつ》などの関西漁民の房総への出漁は、畿内農村における綿作などの商業的農業の発展にともなう干鰯《ほしか》・〆粕《しめかす》などの金肥《きんぴ》の需要を満たすためにイワシを追って房総沖にいたった季節的な出稼ぎ漁業として展開した。その旅網《たびあみ》は二艘の船による八手網《はちだあみ》が中心で、元和二年（一六一六）には紀州海部《あま》郡加太浦《かだのうら》の大浦七重郎が上総国川津《かわず》村ではじめて行い、翌年には、岩和田《いわわだ》村（御宿町《おんじゆく》）で紀州湯浅村・栖原村の漁民が八手網による旅漁を行い、関東ではじめて干鰯が作られたといわれている。こうして作られた干鰯は、当初は関西からきた廻船に積み込まれ、直接畿内に運ばれたが、やがて東浦賀の干鰯問屋によって商われた。

元禄（一六八八〜一七〇四）ごろになると、九十九里浜への地曳網を使った出漁が本格化し、やがて享保（一七一六〜三六）ごろには地元漁民の鰯漁への進出が著しくなり、旅網の中からも、房総各地の海村に定住するものも多くなってきた。

ところで、徳川家康の関東入国にともなう、関西漁民の江戸進出と、紀州漁民の房総進出を比較すると、前者は、政治都市江戸の都市経済の再生産に不可欠な魚食文化を担うものとしての性格をもっている。これに対し後者は、畿内の綿作を中心とした商業的農業の展開にともなう金肥としての干鰯・〆粕の需要を満たすもの、その意味では商品生産の発展の所産であった。

(1)　網船の舫を解き網を下し始む図

(2)　網を張り終りたる図

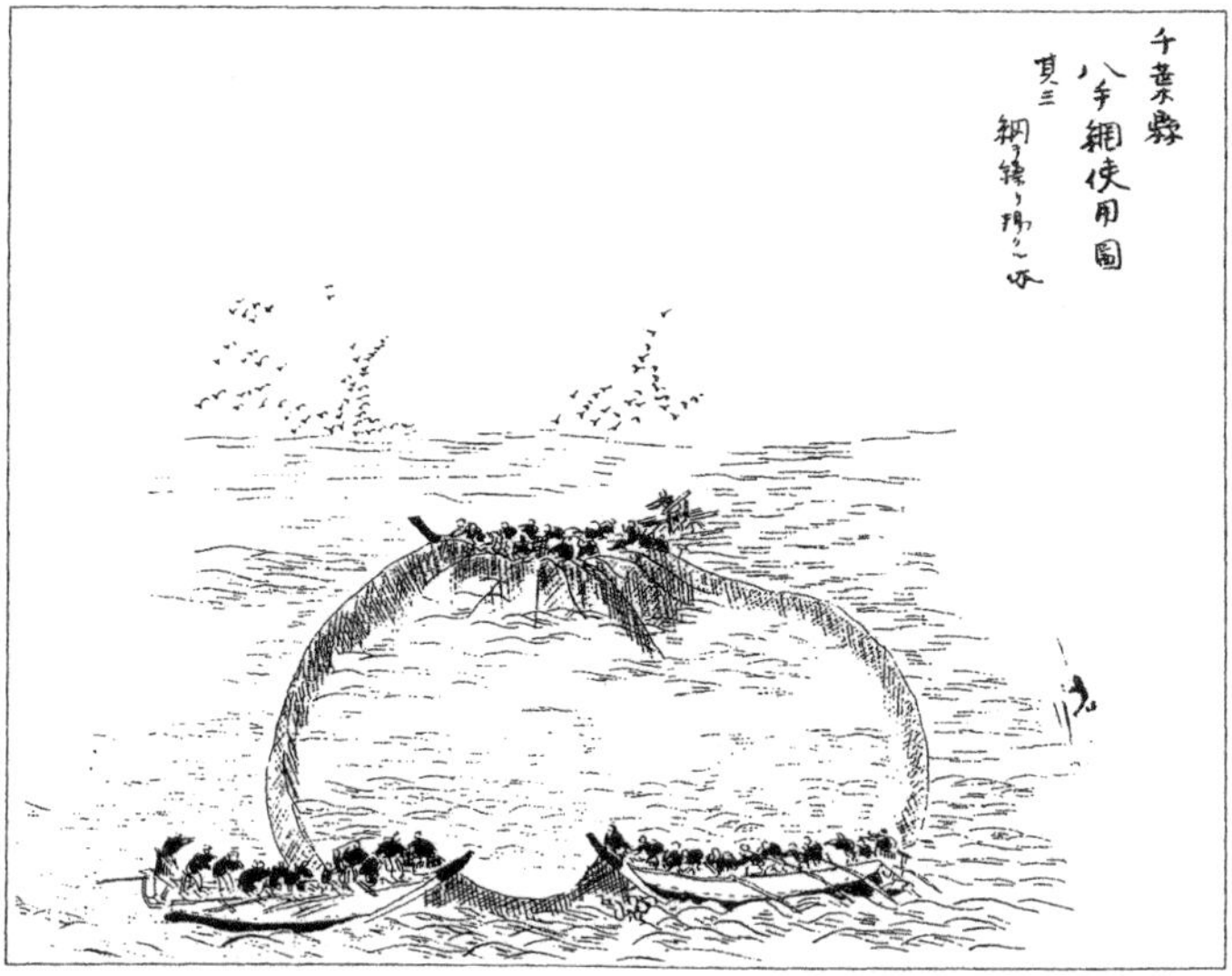

(3)　網を繰り揚ぐる図

図19　八手網漁業図（『日本水産捕採誌』）

同じ関西、紀州漁民の関東進出であっても、その実態の示す意味はまったく異なるものであることを認識し、理解することが必要であろう。

江戸湾から東京湾へ

さて目を江戸湾・東京湾の最深部に転ずると、そこには同じ湾でありながら単に呼称の違い以上に内容も性格も違った海であることを示す事実があることに気づかされる。

江戸湾と呼ばれたころの浦安《うらやす》付近から富津村付近までは、遠浅の砂浜海岸がつづいていた。この海岸ではアサリ・ハマグリ・アオヤギ・アカガイなどが採れ、明治二十年代（一八八七〜九六）の統計書では貝類の生産が全漁獲高の八〇％を占めていた（拙著『近世海村の構造』吉川弘文館、一九九八年）。この地方では文政六年（一八二三）に周准《すす》郡人見《ひとみ》村ではじまった海苔《のり》養殖が天保年間（一八三〇〜四四）にかけて富津周辺ではじまり、弘化二年（一八四五）の大森海苔の不作をきっかけに発展した。

この地域の海浜は、芝金杉浦・本芝浦・大森・船橋浦などとともに江戸前の魚貝類の供給地として江戸市中の魚食文化を支える生産地であった。しかし、維新変革にともなう近代化・工業化が急速にすすみ、江戸から東京への流れのなかで、近代化・工業化の波をまともに受け、海辺の景観も浦々の姿も一変し、基本的には京浜・京葉工業地帯に変貌した。漁民たちは、そのすき間をぬって漁業をつづけている。それも、戦後の高度成長期の工業化がすすむなかで潰滅状態に追い込まれた。近代の東京内湾は工業立地を基本とする海辺であると考え、その意味を人類史的観点からとらえなおすべきであろう。

自然環境と海村

海村の多様な形態

前二節において、自然環境を異にする伊豆半島の付け根に位置する沼津市域の海村と房総半島の海辺の景観と暮らしについて見てきた。

その結果、同じような自然環境にあるように見えながら、集落背後、あるいは地先海面の環境に応じて、まったく性格の違った生業と暮らしをしている村があることが明らかになった。

そのことは、海に接し、海とかかわりながら生計を立てている百姓の住む村々を、村全体の生業・生活の総体としてとらえ、漁業や漁民のありようをその中に位置づけることが必要であることをあらわしている。

沼津市内浦《うちうら》、房総の村々を単に漁業にのみ焦点を当てるのではなく、それぞれの村の自然環境とのかかわりのなかでとらえ、生業と生活の特徴を鳥瞰《ちょうかん》した結果わかったことは、漁業や海村の姿は、海岸線や地先海面の状況はもちろん、それぞれの位置する自然環境・社会環境に応じて多様な形態があること、さらに一見、同じような自然環境にあるように見える海村のありようにもかなり大きな差が見られるということであった。

特に漁業の場合は、海底環境に応じて生息し、また海流に沿って回遊する魚類を、漁民の知恵と工夫によって生み出されてきた漁具と漁法をもって捕獲し、その漁獲物を販売し糧《かて》を得るものであるから、海底環境、魚類の生息環境、魚類の性格によって漁民の生活は多様な形態をもっている。漁業が対象とする魚類のなかには、漁民たちが「根《ね》」と呼んでいる魚礁《ぎょしょう》をほとんど動かないで生息するもの、海底の砂地に生息するもの、海流に乗って回遊するものなど多様である。

漁具・漁法からみた生活と人間関係

漁具・漁法からみると、魚礁をほとんど動かない魚の場合は網漁法は不向きであり、釣漁・延縄《はえなわ》漁が中心となる。回遊魚の場合は沖に船を出して魚群を追い、鰹《かつお》漁のように魚群の中に竿を入れて釣り上げる漁法もあれば、鮪《まぐろ》漁のように延縄を入れる漁法もある。さらに、魚群を追い沖合で繰網《くりあみ》類や敷網《しきあみ》類によって捕獲する漁法もあれば、産卵のため陸地近くに回遊してきた魚を自然環境を利用して、地先の海面で獲る地曳網《じびきあみ》漁や建網《たてあみ》・建切網《たてきりあみ》漁もある。また沿岸に沿って移動する魚類の魚道をふさぎ捕獲する刺網《さしあみ》類もある。

『静岡県水産誌』（静岡県漁業組合取締所、明治二十七年刊）では県下の漁具の種類を、網具については建網類・建切網類・曳網類・繰網類・敷網類・旋《まき》網類・刺網類・抄《すくい》網類・掩《かぶせ》網類・雑漁具の一〇種に分類し、その構造・使用法・対象魚などについて、各地の事例に即して調査報告をまとめている。刺網類については、囲刺網種、底刺網種、流刺網種の三種に分けて記録されている。

釣具についても、一本の横縄《よこなわ》に枝縄《えだなわ》数個を付けた横縄類、釣糸を直下に垂らし、中層以下の魚類を釣獲する、俗に下ケ縄《さげなわ》と称する縦縄《たてなわ》類、竿に釣糸釣針を付けて魚類を釣獲する竿釣類、釣糸を曳《ひ》き、魚を誘惑して釣獲する曳縄類に大別している。横縄類については水中の中層より上を曳く浮横縄種と中層より底を曳く底横縄種の二種に分けている。横曳縄類には、船で曳くもの、風によって曳くもの、陸から曳くものがある。縦縄類については、縦縄種、副器縦縄種に分けている。縦縄とは鮪《まぐろ》縦縄のように釣糸と釣針で作られた仕掛をいうと説明されている。

竿釣についても、生き餌を付ける餌竿釣と、擬餌《ぎじえ》を付ける擬餌竿釣の二種に分け、網漁具と同様、調査報告をまとめている。

漁具・漁法についての記載をやや詳しく見ると、たとえば曳網類は「戸田《へだ》ノ鰹《かつお》網、井田ノ鰹網、土肥《とい》ノ鰹網、土肥ノ金鎗魚《まぐろ》網、子浦《こうら》（南豆三浜村子浦）ノ鮪鰹網、元吉原村之大地曳網、間門《まかど》ノ大地曳網、志下《しげ》之鰹網、藤守《ふじもり》之鰹地曳網、白須賀《しらすか》町之鰛《いわし》地曳網」など六〇種の曳網《ひきあみ》について、形・大きさ・構造・材質・用法、使用する船の種類・大きさ・船数、さらに、漁夫の人数について、類似の網との比較をまじえながら詳述している。たとえば「土肥ノ鰹網」については次のように記述されている。

> 西豆土肥村土地ニ使用スル鰹網ハ第十四図其《その》一ニ示スカ如《ごと》ク、戸田《へだ》地方ニ用ユル者ト稍《やや》漁法ヲ均《ひと》シクス、然《しか》レトモ此地ノ網ニハ袋㈡ヲ有ス、而《しか》シテ其《その》構造ハ(丁)ノ如ク網眼《あみめ》八分、桁《けた》横目百個ノモノヲ用ヒ、㈠ハ長五尋《ひろ》九反重ネ、㈡ハ長五尋八反重ネ、㈢ハ長五尋七反重ネ、㈣ハ長五尋六反重ネトス、其仕立方《したてかた》ハ網縁二割減ニテ浮子《あば》網ヲ附ス故ニ之《これ》ヲ脇網ニ附スルトキハ其形㈡ノ如シ、其袋口縁(ろ)ハ長五尋、此所ニ手縄四条ヲ附シテ曳揚クルニ便ナラシム。……（第十四図は省略する）

この土肥の鰹網は隣村戸田《へだ》地方で使用している鰹網とほとんど同じであると説明してい

ながら、土肥の網は袋網があることを図解入りで解説している。『静岡県水産誌』の解説を見ると、戸田・井田・土肥の鰹網は、それぞれ絵図入りで詳述されているが、隣り合ったこの三村の鰹網を比較してみると、ほとんど同じだと解説していながら、細かい部分にかなり違いがあることがわかる。それは、漁具や漁法が、海底環境や回遊魚の漁獲場所、対象魚の種類、さらに季節によって多様であることを物語っている。

また、地先海面・海底の状態や海辺の環境により、繋留可能な船の大きさや数量も制限され、場合によってはまったく船漁ができない村もあることを予想させる。そればかりではない、何よりも漁具や漁法が、各村、各家、最終的に漁民個人に帰属するものであることを知らせてくれる。

この点は農業技術とはおよそ異なる点であり、漁業が農業よりも狩猟や技能者・職人に近い性格をもつことを意味している。漁具の中に見られる刺突《しとつ》具・陥穽《かんせい》具などは、狩猟用具とほとんど未分化とさえ思われるものが多い。この点も漁業が狩猟・技能者に近い存在であることを示すものであろう。

ともあれ、漁具や漁法に見られるこうした特徴は、漁業のありよう、漁民の生活や人間関係、そのあやなす海村の構造に少なからざる影響を与えている。

たとえば同じイワシを採捕するにしても、九十九里の鰯漁《いわしりょう》の場合は、紀州漁民が旅漁に出掛けてきた当初は沖漁の八手網《はちだ》によるものであったが、しだいに地曳網漁に転換し、九十九里はイワシの一大地曳網漁業地帯に変わった。その鰯地曳網漁業は真網《まあみ》船、逆網《さかあみ》船の二艘を使う、五〇人から一〇〇人前後の漁夫と二、三百人の網の曳手を組織する、多量な資力と労働力を必要とする網元経営であった。こうした経営は、たとえイワシが回遊してきても、背後に豊かな農村がひらけ、かなりの貨幣財産を蓄えた豪農層が存在し、そのもとに従属した余剰労働力を網の曳手の労働力（岡者《おかもの》、岡働《おかばたら》き）として編成しうる農村がひかえていないと展開しえない。

大地曳網はイワシを浜に曳き揚げ直接浜に大場《おおば》・下場鰯《したばいわし》として積みあげ、網附《あみつき》商人に売りさばくのである。つまり、水揚げされたイワシは活魚として、商品化されるのではない。その大部分は魚肥の原料となり、ごく一部が干物《ひもの》として食料にまわされるのである。

鰯漁の二類型

これに対し、西伊豆、内浦周辺には、狩野川《かのがわ》河口に広がる砂浜地帯に地曳網漁が行われているだけである。それも後背地の香貫の村々が狭いため九十九里のような巨大鰯地曳網は存在し得ない。その多くは繰網系統の鰯漁であり、特に江戸中期以降、カツオの一本釣漁が西伊豆の沖、さらに伊豆七島に沿って普及してくると、その活餌鰯漁業として展開した。江戸時代中期以降、多比・口野・江浦といった入江では活餌鰯をカツオの漁場まで運ぶ「イキョ」と呼ばれる竹製の生簀《いけす》の生産が発達した。狩野川以西、原にいたる砂丘地帯には後背地にひろがる農村を背景に大地曳網漁が展開している。

このように、同じイワシでありながら、漁村をとりまく自然環境、海底環境、特に後背地の社会環境に応じて、まったく性格の違った漁業、さらに漁業に付随する産業が展開されるのである。

黒潮に乗り、伊豆七島に沿って北上してくるカツオやマグロなど大型の回遊魚が狩野川から流れ出る水流にさえぎられ、最初に入る内浦湾に面した地帯では、深い入江に入った回遊魚の魚道をふさぎ、魚を陸に引き揚げる建切網漁が盛んに行われた。その経営者を津《つ》元《もと》と言った。この建切網漁は、漁を行う網戸場《あんどば》の自然環境、洞《ほら》と呼ばれる網戸場の地つき村々の社会的・経済的環境に応じ、漁具も網戸場も村の共有で、時には複数の村の寄合《よりあい》(共同)経営であることも、しばしば見られる。この場合の津元は建切網漁の経営者ではなく、村の名主としての立場から、村有の漁具や漁法、漁業の管理責任者にすぎなかった。この地方の建切網漁の場合、明治に入ると個人の津元経営から、村の共同経営へ転換するものが多かった。これも、背後に岩山が迫り、巨岩巨石が海底までひろがる、この地域の環境に規定された漁業、それを反映した海村の姿であろう。

漁具・漁法の相違とアイデンティティ

特徴的な漁具・漁法による漁業の展開は、村に住む人びとの生業、生活、漁民相互間の関係、海村の構造に少なからざる影響をもたらす。たとえば長浜村では網子たちが、勝手次第の決まりのある湾内のタイや高級魚の釣漁に熱中し、網子の勤めを果たさないため、津元との間で係争が生じたり、淡島《あわしま》の湾口近くでイワシの繰網漁を行い、三津湾へ進入するカツオ・マグロ類など大型回遊魚の魚道をふさぎ係争になった事例など数多くの争いが起きている。慶応初年（一八六五）には蒲原《かんばら》の漁民が内浦湾口でイワシ、サクラエビを捕ることを禁止された。そのかわりにサクラエビの漁業権をすべて由比《ゆい》・蒲原の漁民に与えられたのである。この取決めは今日でも生きているという。

このほか、漁場をめぐる係争、漁法の違いによって生じる争いはかぎりがない。漁民たちはこの争いを通して、海の秩序を形成したのであり、海の係争は漁民・漁家・漁村の共同体の強さ、狭隘性をのみ示すものではなく、海によって結ばれた人間関係、地域のアイデンティティの現れとしてとらえるべきであろう。それが海のもつ開かれた、文化を結びつける道としての性格の現れであろう。

江戸近海の自然と漁業

漁業技術の伝播と漁村

漁業が名実ともに一つの産業として発達したのは江戸時代に入ってのことであった。

漁業技術の伝播

江戸・大坂・京都の三都と城下町の発達、多肥・多労働を投下する集約農業の発展は食料・肥料用としての水産物に対する需要を前代にくらべ飛躍的に増大させた。旧来の漁村では技術革新への努力が強められ、各地の漁村と漁業者が増加してきた。それまで生業としての漁業を行っていなかった関東一円の海付《うみつき》の村でも、上方《かみがた》漁民によって漁場が開かれ、その技術をもとに地元漁民による漁業も発展してきた。

幕府の御菜魚《ぎょさいな》を上納していた江戸の佃島《つくだじま》は天正年間（一五七三～九二）以降、摂津西成《にしなり》郡佃村の漁民が移り住んで開いた漁村であり、深川猟師町も摂津漁民が移り住むことによってできたといわれている。江戸内湾の漁業は江戸の市街化にともなう菜魚の需要を目当てにはじまったものであるが、中世末から近世初期、さらに江戸時代にいたる畿内を中心とした農業生産の発展、商業的農業の展開は、肥料としての干鰯《ほしか》需要を増大させ、紀州や和泉《いずみ》の漁民の壱岐《いき》・対馬《つしま》・五島《ごとう》、その他九州西部への進出をもたらした。

各地にイワシを追って移動した彼ら漁民たちは各地に鰯漁場《いわしりょうば》を開発したといわれている。当時の旅網と呼ばれる漁業は九挺櫓《ろ》の漁船二艘と七挺櫓の船、計三艘で八手網《はちだ》と呼ぶ網を海中に広げ、まき餌などで集めた魚群をたぐりあげてすくいとるもので、その漁法を上総川津《かわづ》村矢《や》の浦《うら》（勝浦）に伝えたのは紀州加太浦《かだうら》（和歌山市）の大浦七重郎であった。それは元和二年（一六一六）のことである。『安房郡水産沿革史』によると、安房地方では元禄から享保（一六八八〜一七三六）にかけて盛況をきわめたと記されている。九十九里浜をはじめとする鰯漁業の多くは干鰯需要を目的に開発されたものであり、その大部分は大坂に送られた。その中継地となったのが東浦賀であり、その担い手が東浦賀干鰯問屋であった。

このように漁業技術の伝播《でんぱ》、漁業生産の拡大は全国各地に漁村を成立させたが、その第一の特徴は自らの生存・生活に必要な食用を採取するために行われたものではなく、都市や魚肥市場への販売を目的にした商品生産として営まれたところにある。

漁村の商品生産

その商品としての内容・性格は漁業のありようと深く関係している。たとえば九十九里の大地曳網漁で浜に曳きあげられたイワシは活餌《いきえ》としては不向きであり、その大部分は魚肥の材料として、付属商人と呼ばれる加工屋に買い取られていった。

逆に西伊豆の沿岸沖合漁業の鰹《かつお》一本釣の活餌として、イワシを採る漁は、抄《すくい》網・繰網《くりあみ》系統の漁具・漁法を採用した漁業であった。それぞれの漁法の違いによって、漁業経営の内容は異なるわけである。瀬戸内の倉橋島では、明治・大正期の村の生産統計を見ると、イワシの田作りや煮干しといったイワシの加工食品を大坂をはじめ山陽地方の都市に移出している。しかし島の果樹などの商品作物の栽培に必要な干鰯《ほしか》は大坂・神戸・山口などから逆に移入している。このことは水産物の流通システムと漁業技術とが深いかかわりをもって存在していることを物語っている。したがって、生産をとりまく人間関係を具体的に明らかにしないと、漁業における歴史と民俗が語りかける意味を聞き出すことはできないであろう。

房総・伊豆の漁業

三浦半島を境に東京湾と相模湾をはさんで向き合う房総半島と伊豆半島はまったく自然環境の違った半島である。房総半島は南部の房総丘陵と下総台地を中心に比較的に平坦な土地が開けている。台地上は関東ロームの赤土に覆われ、平地林や畑地となり、水田も多い。南部の丘陵部に位置する山地も、それほどけわしい山はない。

これに対し、伊豆半島は宇佐美《うさみ》・大室《おおむろ》・天城《あまぎ》・達磨《だるま》・棚場《たなば》などの火山が分布し、南伊豆は河津《かわづ》川・青野《あおの》川・那賀《なか》川などによって基盤岩石が浸食された中山性・低山性山地からなっている。田方《たかた》平野と呼ばれる狩野川沿いの低地を除くと海岸部にも沖積《ちゅうせき》地は少ない。海岸の大部分は岩石海岸である。

延長五七キロにもおよぶ砂丘がつづき、後背地には豊かな農村が広がる九十九里には、巨額の資金と多量の労働力を必要とする鰯《いわし》大地曳網漁業が展開し、砂丘のほとんどない安房郡の岩礁地帯には九十九里では雑物《ぞうもの》と呼ばれているタイ・ヒラメ・アワビ・エビといった高級魚を漁獲する家単位の小規模漁業や、やや規模の大きい沿岸沖合漁業が展開していた。富津《ふっつ》から東京湾最深部にいたる豊かな干潟《ひがた》をもつ東京内湾の村々には、アサリ・ハマグリ・アオヤギ・アカガイといった採貝《さいかい》漁を中心に江戸前の魚貝類を採る小規模漁業が展開していた。

一方、伊豆半島をみると、比較的に砂丘や平坦部の多い東海岸では諸魚を対象とした小地曳網漁やサンマ・イカ漁が行われ、天城山が急勾配で落ち込み、厳しい断崖が海に迫り、陸の孤島を思わせる村々が点在する西伊豆では伊豆諸島に沿って北上してくるカツオの一本釣漁が西伊豆全体の漁獲高の七五％強を占めるほど展開されていた。

大・小の漁業

以上は明治二十四年（一八九一）前後の静岡県の水産調査と千葉県統計をもとに、江戸時代から明治にかけて、それぞれの地域に展開した特徴的な漁業を概観したものである。もちろん、房総半島から伊豆半島にかけての海域は量的にはともかく、多種類の魚が生息し、回遊している。したがって、拙著『近世海村の構造』でも明らかにしたように、季節に応じ、また海底環境に応じた、各種の漁具・漁法をもって多種の魚貝類を捕獲する漁業が行われていたことはいうまでもない。

すでに若干述べたように、建切網漁の中心地帯である、西伊豆内浦の長浜村の口上書によると、長浜村にも釣漁があり、しかも釣漁は建切網漁の網子や小規模漁師の勝手しだいであった。さらに「六人網と申し候」と網戸場《あんどば》において津元《つもと》・網子が勝手しだいに底引漁

図20　内浦鱸釣ノ図（『静岡県水産誌』巻4）

を行っていることが「口上書」に記されている。鰤《ぶり》網も、鯔《いなだ》網も津元・網子がめいめいに仕立て、網戸場で漁を行い、漁獲高の三分の一を網戸代として津元に渡している。また鰯《いわしりょう》漁も行われているが、それは鰹《かつお》漁の活餌にするものであり、網船の網も建切網漁と同じく津元が仕立て、網子は一代ずつの漁撈配分金を得て鰯漁に参加していた。

このように、長浜村の「口上書」によると、長浜村には津元を経営主とした建切網漁と若干の餌鰯網漁、および津元に属さない小規模な漁師や網子が津元とかかわりなく行う釣漁・鰤網漁・鯔網漁があった。

こうした漁業は同じ三津《みと》湾の中で行われるのであり、建切網漁と競合しない場合はともかく、競合する場合は、より有利な釣漁や網漁を行おうとする網子と、網子がいないと建切網漁が行えない津元が対立することになる。津元と網子との対立は長浜村ではしばしば起こり、訴訟に発展していた。この事実は漁村・海村の構造を考える場合、大規模な網漁業と小規模漁業がどのようなかかわりを持つかを検討する必要があることを示唆《しさ》している。

九十九里の大地曳網と西伊豆の建切網漁

九十九里の地曳網

九十九里の地曳網《じびきあみ》漁業は海岸線近くに回遊してきたイワシを真網《まあみ》船・逆網《さかあみ》船という二艘の船にそれぞれ奥網・中網・手網・荒手網からなる網を積み、沖へ漕ぎ出し、真網船・逆網船に積まれた網を袋網に結び、魚群をとりまくように網を海中に投じながら岸に漕ぎ寄せ、両方の網に結んだ曳網を曳手《ひきて》に渡し、イワシを陸地に曳き揚げる漁法である。

したがって、地曳網漁は二艘の網船と荒手網二枚・中網二枚・手網二枚・奥網二枚、それぞれ幅一二間（約二一メートル。ただし荒手網は一〇間（約一八・二メートル））、長さ六〇間（約一〇九メートル）の網と一個の袋網よりなる地曳網を必要とした。また、地曳網漁を行うためには五、

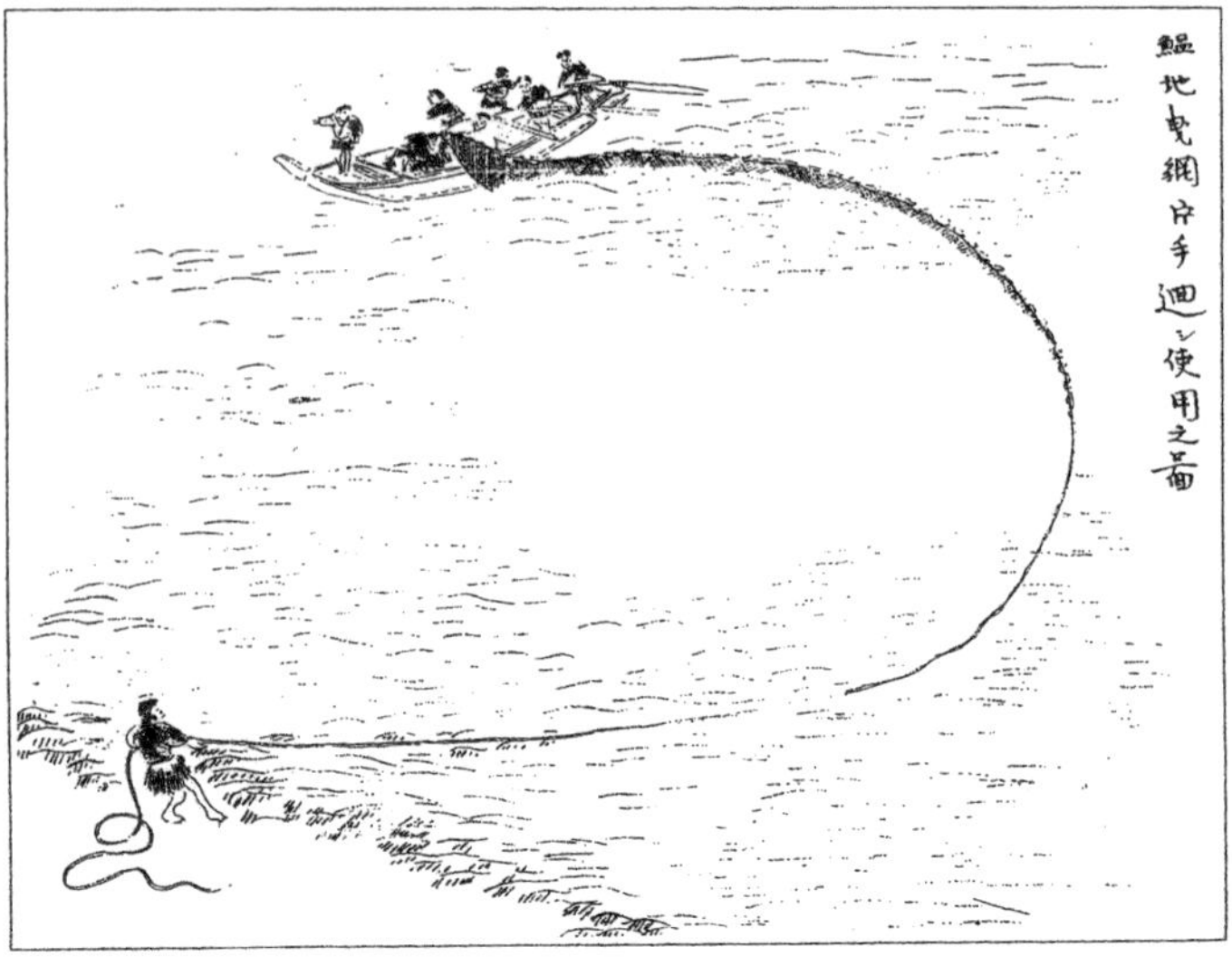

(1)　地引網使用の図

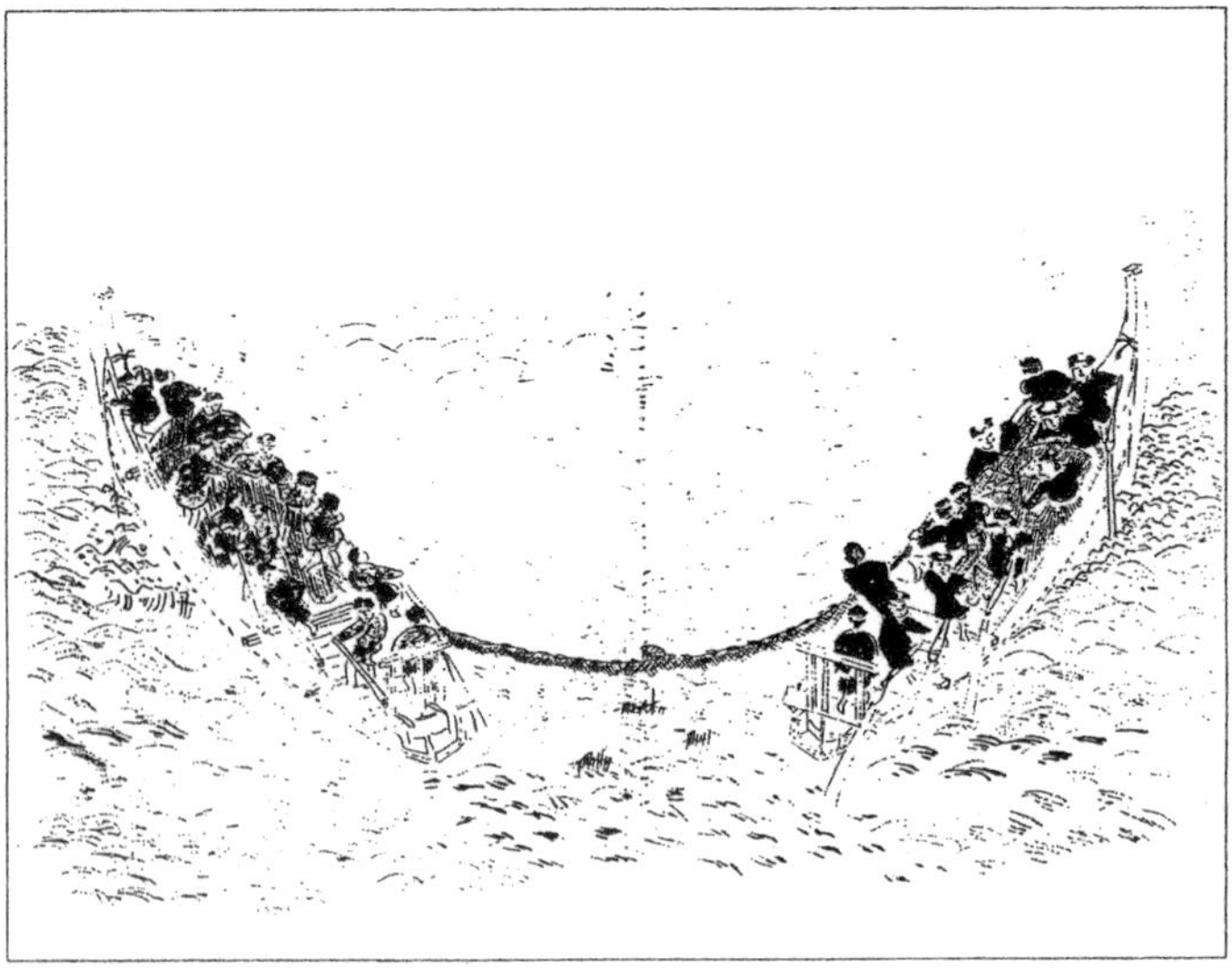

(2)　地引網引方の図

(3) 地引網片手廻の図

図21　九十九里地曳網の図（『日本水産捕採誌』）

六十人の漁夫（水主《かこ》）と岡方の村から二、三百人の曳手を確保しなければならない。さらに漁業経営全般を差配する賄《まかない》と呼ばれる支配人、漁撈長として出漁の判断や海上での作業の指揮をとる沖合《おきあい》、船をあやつる船頭、網納屋《あみなや》にいて漁具の整備や網主の雑事を行う岡働きと呼ばれる船方を常傭《じょうよう》しなければならない。

巨額の資金と後背農村

このように大地曳網漁業は網や網船を購入したり、多くの漁夫を雇い入れるための巨額の資金が必要であった。たとえば漁季（職《しょく》）の間に雇い入れられる五、六十人の漁夫（職《しょく》船方＝代船《しろ》方）は漁夫の属する戸主と雇傭契約（水主契約）を結び、文政年間（一八一八〜二九）では五両から七両、天保年間（一八三〇〜四三）では平均一三両、弘化・嘉永期（一八四四〜五三）には二〇両ほどの無利息・無期限の前貸金を払って雇い入れられたものである。

ところで大地曳網経営は、網や網船を買い入れ漁夫を雇い入れるための巨額の資金があるだけでは行いえない。網をイワシの魚群にかぶせ、曳綱を海岸にとどけても、綱を曳く二、三百人の曳手を集めなければイワシを浜に曳きあげることはできない。一軒の網元で二乗《か》の網をもっている場合がかなり多い九十九里では四、五百人の曳手を集める必要がある。江戸中期以降、多い時には九十九里の海岸線に沿って三百余家の地曳網元がいたというから（佐藤信淵『経済要録』）、岡者《おかもの》と呼ばれる曳手の数は莫大な数になる。こうした曳手を供給しうる農村が後背地の岡方に広く分布していることが大地曳網を存在させる必須の条件であった。

九十九里に大地曳網漁業が江戸中期以降展開したのは、イワシの大群が海岸近くまで回遊し、沖合三〇〇間（五四六メートル）まで遠浅の砂地が広がっているという海辺の環境にめぐまれていたというばかりではなく、労働力を確保しうる農村が背後に広がっているという社会的環境にめぐまれていたからである。

この後背地に広がる農村には、幕末期には広く地主―小作関係が展開し、網元も地主であり、地主―小作関係を媒介としてかなりの漁夫を雇用していたことが、粟生《あお》村の飯高家の小作関係を含む経営諸帳簿の分析を通して明らかになっている（前掲拙著『近世漁民の生業と生活』参照）。飯高家の場合、地曳網の経営に必要な巨額の資金も自らの資金だけでは足りず、和田村の大地主兵右衛門から借りていることが明らかになっている。この地域の大地曳網漁業は資金面においても、労働力を確保する面においても、この地に展開する地主―小作関係に規定された存在であった。

ともあれ、地曳網漁業が後背地の農村のありように規定されていることは、伊豆半島のように遠浅の砂浜があっても、背後に山が迫り、後背地に農村が展開していない地域にはせいぜい二〇人前後の漁夫（水主）に一艘の小船で網を曳き廻す、片手廻しの小規模な地曳網漁業しか存在していないところに現われている。瀬戸内の倉橋島では、地曳網は湾内に入り回遊するボラ（鯔）、コノシロ（鰶）を漁獲する小さなものが使われ、鰯《いわし》漁のためのものではなく、その規模も狭い湾内を曳き廻すものであった。

つぎに、西伊豆内浦に見られる津元《つもと》と呼ばれる建切網《たてきりあみ》漁業について見ることにしよう。

内浦の建切網

建切網漁業はマグロ・カツオ・ウズワ（鮭。ソウダガツオ）・イルカなど大型の回遊魚が接岸し、深い入江や湾曲した海岸線に入り込んだところで、魚道を塞《ふさ》ぎ網（大網）をもって遮断し、囲内に小船を入れ、中入網・待網・麻網・小切網・取網・籾合網《もみあいあみ》・小立網などを使って、魚を湾岸に曳き寄せ、あるいは風呂敷形の取網をもって魚を抄《すく》い取る漁業である。

伊豆半島の建切網漁は、初夏から夏にかけて伊豆諸島に沿い黒潮に乗って北上してくるマグロやカツオ・ウズワなどの大型魚が狩野川河口から流れでる水流によって遮られ、伊豆半島に沿って南下した魚が湾や入江に入るのを待って捕獲するものである。したがって量的にはともかく、西伊豆や東伊豆の湾や入江をもつ漁村ではしばしば行われていた。

この漁法がもっとも盛んに行われ、漁業の主たる部分を占めていたのが、狩野川にもっとも近く、最初に魚が接岸した狩野川の河口、我入道《がにゅうどう》から大瀬崎《おおせざき》を結んだ内浦湾に面した、静浦・内浦・西浦、いわゆる三浦の村々であった。

ところで江梨《えなし》一四ヵ村とも内浦一一ヵ村とも呼ばれる、内浦・西浦の海村を見ると三津《みと》湾《わん》と呼ばれる深い入江に面して散在する内浦五ヵ村と、それほど深い入江もなく、湾曲した海岸線を利用して建切網漁を行う西浦の村々とでは建切網の漁具と漁法にかなりの違いがあった。

内浦の場合は湾口に淡島があり、魚道をせばめ、その内に深い入江が広がっている。建切網にはもっとも適した環境にあった。したがって内浦の建切網漁は湾内に入った大型魚類の退路を塞《ふさ》ぐことからはじまる。そのための網が、あらかじめ海上に常設してある、網目六寸（約一八・二チセン）、網幅二〇尋《ひろ》（約三六・四メトル）、長さ三〇〇尋（約五四五・四メトル）の塞網（大網ともいう）である。塞ぎ網は魚見小屋に入って魚群の状況を見張っている、峯《みね》と呼ばれる魚見人の合図により、漁夫たちによって、魚群の退路を遮断し、湾内に囲い込むために海中に降ろされる。

建切網漁の漁具は塞ぎ網を中心に、囲い込んだ魚をさらに捕りあげる状態に囲い込む、中入網・待網・小立網・小切網および魚を捕りあげるための小曳網や風呂敷形の取網などの多種の用途の異なった網によって構成されていた。

『静岡県水産誌』には図22を使って、その使用法を説明している。その解説によると、建切網漁には一艘の網船と塞ぎ網を降ろすための網碇《いかり》を運ぶへらとり船、それに魚見人

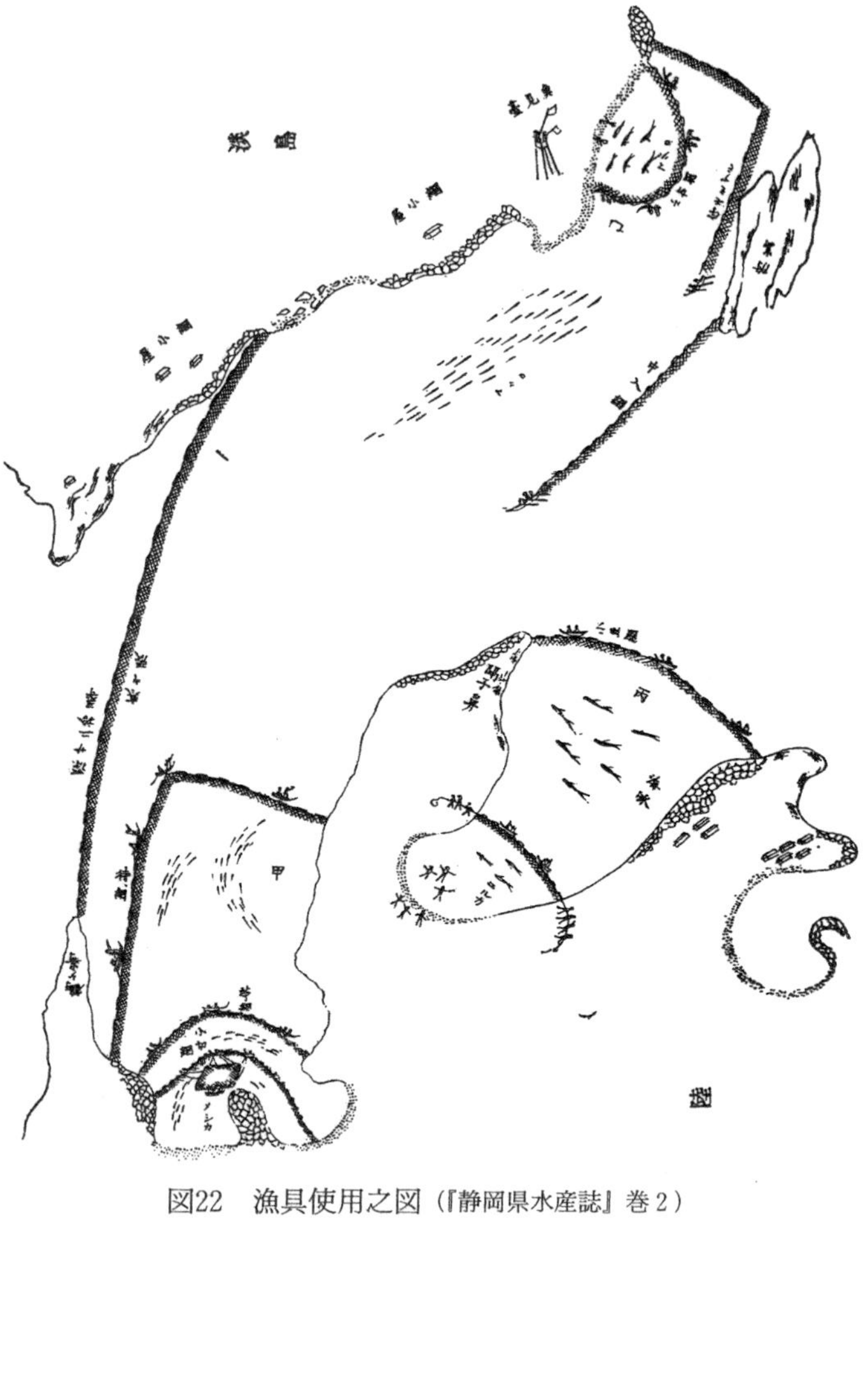

図22　漁具使用之図（『静岡県水産誌』巻２）

の指揮にしたがい網をおろす作業を行ったり、各種の網を曳き廻し、取網や小曳網を使い、最後には魚を捕りあげる漁夫を乗せる四、五艘の小取船が必要であった。また、網船には一〇名から一二名の漁夫が、へらとり船には二名、小取船には各二名合計八名から一〇名の漁夫が乗り組み、海上の作業を行っているのである。つまり、峯と呼ばれる漁業の指揮者（漁撈長）のもとで二〇名の漁夫が建切網漁を行っていた。

西浦の建切網

ところで西浦の村々のように湾曲した海岸はあるが深い入江がない所では図23のような張置網（およそ長さ四五尋（約八二メートル））を設け、魚を陸に誘導している。

しかし、海岸線に沿って回遊してきた魚群を陸地に誘導し、退路を遮断し、海底環境に応じて曳網や取網＝敷網あるいは鉤《かぎ》によって捕魚する漁法であることには違いがない。もちろん、その規模は漁場環境にもとづく魚群の大きさによって違いがあるし、漁具の名称も、ごく近い村の中でも異なる場合がある。このことは、すでに指摘したように、農具と違って漁具や漁法が村・家、最終的には個人に属するものであることを示しているのであろう。同じく「百姓」と呼ばれながら、漁民・漁師が職人的技能者であることを示している。

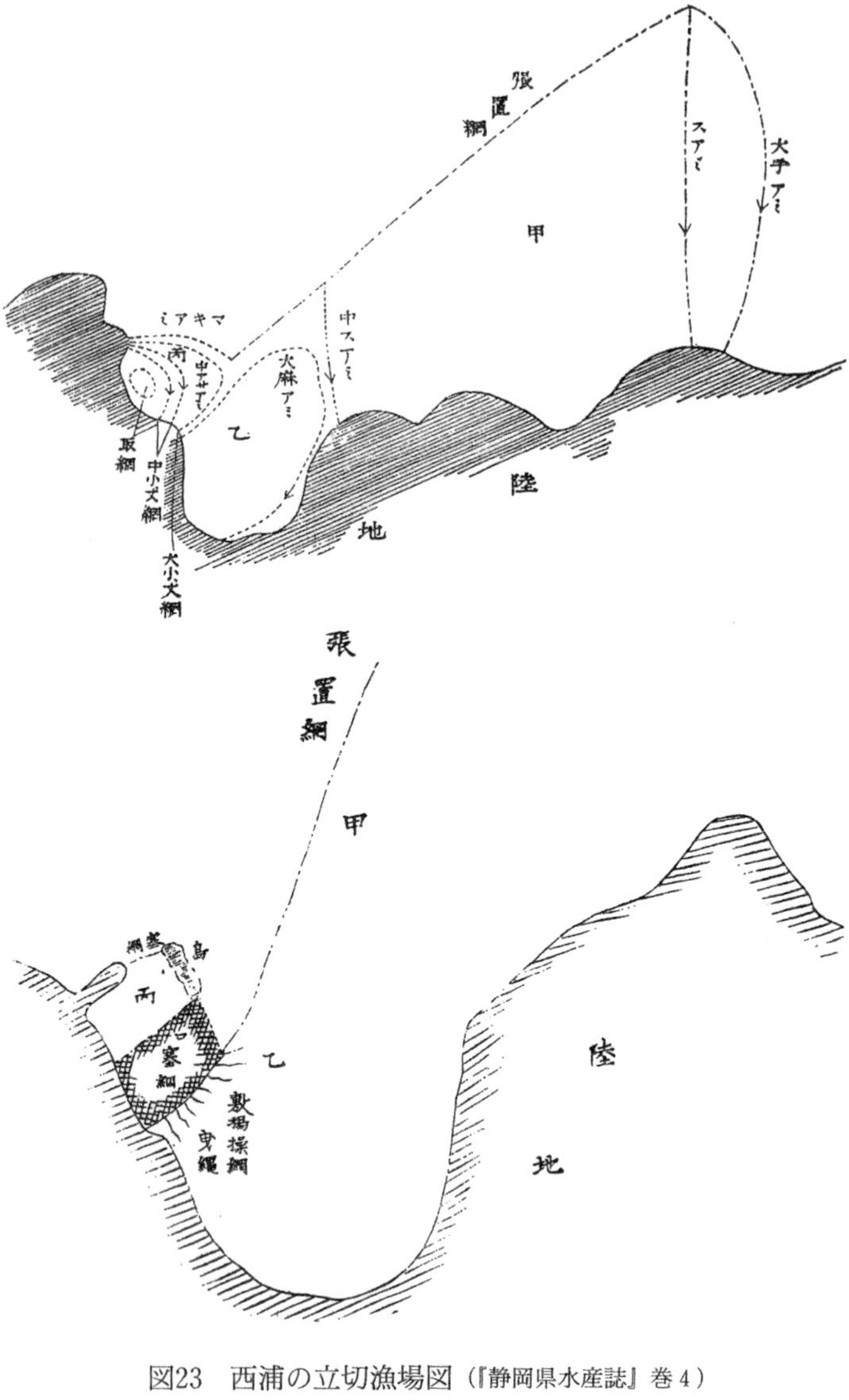

図23　西浦の立切漁場図（『静岡県水産誌』巻4）

建切網漁は規模はともかくとして、数種類の網と漁船、それに二〇人前後の漁夫を必要とした。特にその漁は性格の異なった、それぞれ違った役割を分担する漁夫が、指揮者である峯《みね》の指揮にしたがって作業をすすめることによって行われるものである。こうして行われる建切網漁の漁具・船と漁夫の組織体が網組であり、網組の管理・経営の責任者、時には経営主体でもある網元を、この地域では津元《つもと》と呼んでいる。一般に、漁業の経営主体である者を網元と呼んでいるが、津元の場合はたとえば久《く》料《りよう》や足保《あしぼ》のように船も網も村有で、建切網漁も村民の共同によって行われ、名主が管理上津元を勤める場合もある。その場合、津元は漁業経営者ではない。

津元と網戸場

たとえば、久料村の場合は、「久料足保ノ二小区ハ併合シテ一漁場ニ漁業ヲ営ム、漁具モ亦二小区ノ共有物ナリ」（『静岡県水産誌』）と記されているように、漁場も漁具も二村の共有物であり、津元も名主が職務上勤めていたのである。

したがって、この村の津元は網組の所有者・経営者ではなかった。久料村や足保村は村高も一三石余と少なく、薪・もや木（薪）の生産を主たる生業とする村であり、前出の「山方浜方稼之訳書上帳」に「五ヶ年三ヶ年ニ一両度宛も魚寄候得は立漁仕《つかまつり》候《そうろう》、右之節ハ村中之もの罷出《まかりいで》網立引仕候」とあるように、建切網漁は数ヵ年に一度の漁業であり、この村の主たる漁業ではなく、それゆえに経営主体としての津元は存在しえなかったのである。

ところで網組が塞《ふさ》ぎ網（大網）を入れ、漁を行う漁場を網戸《あんど》（度・渡）場《ば》、単に網戸ともいう。網戸場は、たとえば内浦では重須《おもす》村に三ヵ所、長浜村に五ヵ所、三津村に三ヵ所、小海村に三ヵ所、重寺《しげでら》村に四ヵ所があり、漁場条件の必ずしも良くない西浦の村々でも江《え》梨《なし》村には瀬洞《せぼら》、来海洞《くるみぼら》の二ヵ所の網戸場があった。

西浦地区の村々では一つの網戸場に一網組があるのが一般的であったが、江梨村の場合は瀬洞、来海洞の二網戸場にそれぞれ二組の網組があり、一つの網戸場を二つの網組が一日交替で漁をしていた。西浦地区の場合、江梨村をのぞいた村では一つの網戸場に一つの網組があるのは名主が津元を勤めているからであろう。つまり、この村での建切網漁は生産手段である網も船も、村の共有であり、漁業もまた村の共同経営であったからであろう。ちなみに西浦の江梨村も明治に入ると四津元による建切網漁は廃止され、江梨村の共同経営に移行した。

さまざまな網漁業

以上、九十九里の地曳網漁業と西浦・内浦の建切網漁業について検討してきた。その結果、網漁業は海岸線、海底環境、回遊してくる魚種により、漁具・漁法も、漁業組織も異なっていることを知ることができた。特に内浦の長浜村・重寺村は建切網漁にもっとも適した環境にめぐまれ、明治二十三、四年ころの調査（『静岡県水産誌』）では漁業生産額が村の総生産額の八〇%ほどを占め、「山方薪稼仕らず」と記されているように専漁の村といいうる展開を示し、網組も津元が支配し、漁具も網船も津元が所有し、文字どおり津元は漁業経営主そのものであった。それに対し西浦の村々は、久料村・足保村に典型的に見られるように、漁場環境も悪く、魚影も薄く、後背地に山が迫り、耕地も戸数・人口も少ない、それゆえに薪炭稼ぎを主にしながら、ぎりぎりの生活を維持するために欠くことのできない手段として、たとえ三年〜五年に一度であっても建切網漁業を行わざるをえない村であった。この村の村民はすべてが漁業に従事していたが、その収入は微々たるものであった。このことは村民の漁業に参加する比率が必ずしも漁村の性格を知る指標にはならないことを物語っている。

漁獲物の配分

地曳網漁業の配分

九十九里浜の地曳網によって浜に曳きあげられたイワシ＝水魚《みずな》は大《おお》場《ば》・下場《したば》のイワシとして積みあげられ、下場のイワシは岡者《おかもの》と呼ばれる曳手に現物で配分される。したがって網元から平船方《ひらぶねがた》＝代《しろ》船方（代水主《かこ》）と呼ばれる漁夫たちに配分されるイワシは大場鰯《いわし》である。

大場鰯は磯売りされるとともに、一部が網主自らが干鰯《ほしか》に加工するために残される。磯売りされた分を記帳した帳簿が「水魚《みずな》帳」であった。干鰯の加工業者でもある付属商人（網付商人）に磯売りされたイワシの売上高と自ら加工した干鰯売上高の合計が、網元から平の船方への分配金を算定する基礎となる。

この総売上高から諸経費・諸役・運上金・諸掛りを差引き、職《しょく》＝漁季ごとの総当《あた》り金＝総分配金が算定される。

こうして算定された総当り金は「二つ割」にされ、半分は網元の取り分となる。残り半分を、その季の職に働いた賄《まかない》以下の船方人数で割り、「当り」を算出する。この「当り」を「代《しろ》」といい、平船方は一代、沖合・船頭・中乗といった役付きの船方は役に応じて二代から三代配分された。こうした計算を行う帳簿が「網勘定帳」であった。

また、西伊豆内浦地方の建切網《たてきりあみ》漁《りょう》の場合は、すでに述べたように漁場環境に応じ、漁具・漁法をはじめ、網組、津元の性格にかなりの違いがあった。

建切網漁の配分

まず、この地方でもっとも建切網漁が盛んで、漁獲高が村の総生産額の七〇～九〇％になる三津湾に面した長浜村、重寺村の漁獲物の配分の実態を見ることにしよう。

この地域の建切網漁の漁獲物の配分は一般に「立漁割合書上帳」とか「立漁浦法幷徳用割合仕形書上帳」などと呼ばれる書上帳によって決められた割合によって行われている。その割合は「立漁浦法……」と記されているように、「浦法」、つまり一種の村極《むらぎめ》であり、漁獲物の配分は村民全体の合意のもとに決定されている。

たとえば、寛延三年（一七五〇）十一月に三島役所に提出された長浜村の「立漁割合書上帳」（『沼津市史　史料編　漁村』第二章参照）は長浜村の名主四郎左衛門、組頭治郎左衛門、百姓代平右衛門のいわゆる村方三役が連署で提出したものである。

このとき、長浜村の名主・組頭・百姓代が三島の幕府役所に提出した建切網漁の利益配分の算出方法、割合は、「めじか百本」を例に、つまり百分比をもって示されている。

配分の内容

その内容を検討してみると、まず一〇〇本のメジカから、所々の神社への奉納「諸神」、津元の寄合の費用「津元鱠《なます》」、網船にて食べる「網船鱠」、津元・網船の「祝イ」、建切網漁の指揮をとる魚見人へ渡す魚見人の取分「峯《みね》」、二人の船頭と網碇を結ぶ二人に渡す「切向金船《きりむけきんせん》」、他村から手伝いにきた者へ渡す賃銭「船手間」「岡手間」、大網の中に入った魚を陸に追い込み、取り込むために使う小立網・取網の修繕費を差引く。この経費を「水引」と呼び、その量は四五本であった。

「水引」の中には峯、切向金船、小立網、取網といった割合が決まっている内物と、諸神、船手間・岡手間といった、支払対象に変動のある高下物とがあった。

右の「水引」と呼ばれる諸経費を差引いた残り五五本から、さらに立網・網碇の修繕費八本二分五厘を「拾五引」と称して差引く。残り四六本七分五厘から分一《ぶいち》税一五本五分八厘を納め、残り三一本一分七厘を網子と津元で配分した。その比率は七本七分九厘が網子への渡し分、それを引いた二三本三分八厘が津元の徳用であった。津元と網子の配分比率は三対一であった。

津元の取り分は漁獲物全体の二三％あまりであるから、それほど大きいとはいえないかもしれないが、網子全体の取り分の三倍となると、やはり大きいように思われる。このほかに「津元鱠《なます》」とか「網船鱠」、津元・網船の「祝イ」と称し、また「小立網」「取網」などの名目で津元の手元に実際に入る取り分を加えると漁獲高の半分近くが津元の手に入ることになる。事実、内浦地区の津元と網子との係争のなかには「水引」や「拾五引」の内容とその帰属をめぐる争いが多かった。西浦の江梨村では慶安年間（一六四八〜五二）以来、延享・寛延・宝暦年間（一七四四〜六四）、文化・文政期（一八〇四〜三〇）、安政・万延・文久年間（一八五四〜六四）の名主交代事件を含め、江戸時代を通して、津元と網子の間の争いの中でつねに係争点の一つとして諸引の内容と帰属が問題となっていた。この点は、旧日本常民文化研究所の五味克夫が克明に追究している（『常民文化論集1』日本常民文化研究所、一九五四年）。

こうした漁獲物の配分方法、割合は、同じ寛延三年（一七五〇）十一月に差し出された重寺村の「立漁浦法幷徳用割合仕方書上」においても確認できる。

内浦重寺村の配分方法

重寺村の場合も「めじか百本」を例に割合を出している。同年の長浜村の割合書上帳の「水引」とくらべてみると、「諸神」が「初尾」となり、「津元鱠」と「網船鱠」に分けられていたものが「鱠」にまとめられている。長浜村にはある八本の「祝イ」が重寺村にはない。そのかわり「立漁入札等為相解申候賃に出申候」「定夫」一本、六本の「あて網」の損料が重寺村の「水引」の項目に見られる。全体的には長浜村の水引分が四五本であったのに対し、重寺村の水引分が四九本と四本多いだけであり、大差はないといえよう。

重寺村では「水引」を引いた残五一本から七本六分五厘の「十五引」（網碇修復入用）を引き、その残高をもとに御三分の一上納金を計算し、一四本四分五厘を定納している。

この御三分の一定納を差引いた残り二八本九分は、

残り弐拾八本九分

此代永七百弐拾弐文五分但両に四拾本かへ

此銭三貫百七拾九文　但四貫四百文替

但銅銭にて仕来り申候

と銭に直され、

内

拾弐文　　　神之酒代

是は当村氏神江初尾に上申候、但時により高下御座候

五拾文　　　むらぎ船

是は津元より差出候小船壱艘損料、右名目を以津元江取来申候、但し時により高下御座候

と、さまざまな名目で支出比率が記されている。その中には「こい船」「酒手」「網子酒手」さらに「ゑびす」「ゆわい」などの名目による費用があった。「こい船」は、この地域ではわずかな畑を耕すため農船を使っているので、肥料を運ぶ船と思われる。このように考えうるとするならば、ここにあげられている名目の出費あるいはその比率の記載は「網子酒手」と網子の徳分も含まれていることから判断して村掛り、浦掛りの御分一上納金を節約する、村民全体の節税の意志の現れかもしれない。今まではこうした視点からの御分一金の検討は行われていない。

こうした名目による費目を差引いた一六四四文が重寺村の場合の津元・網子の得分合計で、その配分比率は長浜村と同様、津元が三分の二、網子全体が三分の一であった。

ところで網子徳用の但《ただ》し書きに「是《これ》は右指引《さしひき》方残り高の内三分二津元へ取来り申候、尤《もっとも》当村の儀網子は抱《かかえ》同前(然)の儀に御座候故、津元網子割合の儀は代割の筋に無御座候《ござなくそうろう》、右の通津元へ取来り申候」と記されている。これは津元と網子の関係が抱同然の関係にあり、代割制が漁夫内部の得分の配分関係を示すものであることを物語っている。事実、網子の徳用について、「是は指引方相払候残高の内三分一網子へ遣し申候、尤網子仲間代割にて網子壱人壱代、小乗舟壱代と相立代割にて取来り申候」と網子仲間の間の配分は代割によっていたことを記している。

右に見てきたように長浜村・重寺村では三分の二が津元徳用、三分の一が網子徳用として配分され、配分された網子徳用は代割にて漁夫たちに分配された。こうした津元と網子との間の配分比率は木負《きしょう》村でも見られる。寛延三年（一七五〇）の木負村の「立漁浦法幷徳用割合仕形書上帳」（渋沢敬三編著「豆州内浦漁民史料上巻」）でも確認できる。

この書上帳の諸々の費目を引いた残高三四二文は、

内

百拾七文　　　　　　網戸代
是は浮役米差出候に付津元へ取申候、但右残高に三分一取来り申候
　内
七拾五文　　　　　　網子徳用
是は右残り高の内三分一網子へ遣申候
残り　　　　　　三分二
百五拾文　　　　　　津元徳用

と網戸代を差引き、その残りが津元と網子に配分された。この網戸代は浮役米として津元が受け取ったものであり、したがって津元が網戸持ではないことを示している。

つぎに長浜・重寺《しげでら》・木負とは異なり、津元が網組の経営主体ではなく、生産手段も網戸場も村有で津元は村名主が村の管理者として引き受けている

久料村の配分方法

久料《くりょう》村の「立漁浦法并徳用割合仕形書上帳」について見ることにしよう。すでに若干述べたように久料村は隣村足保《あしぼ》村とともに村高は一三石余、家数も一五軒ほどの小村であり、背後には岩山が迫り、海底まで巨岩・巨石が覆う、海に面していながら漁業には不向きであり、岩山の間にあるわずかな畑で行う畑作と裏山から薪・真木・もや

木を切り出し沼津町へ販売する山稼ぎによって、ぎりぎりの生活を維持している小村であった。この村の建切網漁は網戸場《あんどば》環境も悪く、張置網を設置することにより、かろうじて行うことができた。久料村、足保村は共同で建切網漁を行い、網・船などの生産用具も村の共有であり、津元は村の名主が職務上勤めていた。したがって、この村の網組の内容・性格は長浜・重寺などとはまったく違ったものである。その違いを「立漁徳用割書上」から示すことにしよう。なお詳細は前掲拙著『近世漁民の生業と生活』を参照されたい。

久料村の徳用割は重寺村の場合と同様に一組の網船が一〇〇本のメジカを水揚した比率をもって示されている。津元・網子の徳用を計算する過程は、基本的には長浜や重寺の網組の浦法、徳用割合書上帳と変わりはない。両者が異なる点は津元・網子の間の配分の仕方である。津元・網子の徳用分は銭に換算され、次のように配分された。

津元網子徳用

残九百拾四文

但弐拾弐代半割　但壱代に付四拾六文之内八拾五文

是は津元代口幷並代壱代、都合弐代口取申候

九百文

是は拾五代は網子拾五人分、四代は小舟四艘分、但壱艘に付壱代宛、壱代は船繋三

人江増代として遺候分、半代は寺修復之為退置候分

この二二代半は津元への二代、網子一五人に一人一代の割で分配される一五代、小船四艘に配分される四代、それに船繫（船頭）三人への増分一代、それに寺修復分半代を合計したものであった。

久料村の場合津元の徳用は二代であり、長浜・重寺の徳用配分とはまったく性格を異にしている。長浜・重寺の場合は水引・十五引などの諸経費、分一年貢などを差引いた残りの津元・網子の総徳分の三分の二を津元が三分の一を網子が受けるのとはまったく違うのである。久料・足保の場合、津元の徳分は網子の二人分、二代でしかなかった。津元と網子の配分比率は長浜・重寺とくらべると、逆に網子の総徳分が二二代半、津元の徳分がわずか二代でしかなかった。

この徳分の配分比率は、久料村・足保村の建切網漁業が両村の総百姓の共同経営であり、網戸場はもちろん、網船も、漁具などの生産手段も村有であり、津元は名主が職務上勤める、網組の経営者ではなく、単なる建切網漁の共同経営の管理者にすぎなかったことを物語っている。

ところで、漁獲物の徳用割仕法に見られる長浜村・重寺村・木負村と久料村・足保村と

の利益配分の仕方の違いはどこからくるのであろうか。網戸場および生産手段の所有利用形態を比較検討しながら考察してみよう。

漁場と漁具

津元・網子の徳分差

漁獲物の分配が津元《つもと》と網子《あみこ》への分配を含めて久料《くりよう》村のように代割制のなかで行われる場合はともかく、長浜《ながはま》村や重寺《しげでら》村のように津元と網子との間の配分が「津元網子割合の儀は代割の筋に無御座《ござなく》候」（寛延三年の重寺村徳用割合書上）という場合には両者の間の徳分差の根拠が問題となる。たとえば長浜村の「立漁割合書上帳」では「是《これ》は津元名代幷《ならび》に漁道具入用の儀も津元より拵《こしらえ》出申候、又は浮役米《うきやくまい》御上納相勤申候に付前々より取来申候」と津元が三分の二を配分された理由を、漁道具を津元が拵えていることと、浮役米を上納している点にもとめている。

津元が建切網漁業の経営者として、九十九里の地曳網元のように船および漁具の所有者であり、船役・浮役・漁業分一等の年貢・諸役を負担しているとするならば、三分の二を受け取ることは理のあるところである。しかしながら建切網漁の津元の場合、「水引」「十五引」と称して立網・網碇・小立網・取網などの修復費、損料が津元と網子の徳分を決定する前に漁獲高から差引かれているのである。

それは諸道具の修復費、損料が津元網子両者の負担であることを意味する。建切網漁業の場合、本来、網戸場を占有し、網船や漁具を所有し、漁業経営を行う津元は当然漁業関係諸税の負担者、少なくとも形式的な上納責任者でなければならない。しかし、立漁三分の一税は徳分の分配以前に漁獲高から差引かれている。立漁三分の一税は津元・網子の両者の負担であったことを意味する。

このように三分の一税はもちろん、漁具の修復費が津元・網子の両者負担であるとすれば、「漁道具入用の儀も津元より拵出申候」という意味を「漁具を拵える」使用以前に限定し、使用にともなう損料は津元・網子の両者負担とする関係が存在しなければならない。そうでないとすれば本来津元が負担すべき漁具の損料および三分の一税が網子の利益に喰い込んでいることを示していると考えなければならない。この点をはっきりさせるためにも網戸・漁具・船の所有の実態を検討しておく必要がある。この点を寛延三年（一七五

○）に重寺村の名主であり津元である忠左衛門、組頭で津元である三郎右衛門、津元六右衛門、津元六兵衛、それに百姓代である網子利兵衛が山本八郎御役所に提出した「重寺村口上書」から見ることにしよう。

網戸・漁具所有の実態

重寺村の建切網の漁場である網戸場は四ヵ所、津元は四人、その四人の津元が網戸場を所持支配してきた。同村の百姓はすべて網子である。また津元は「津元壱人に付網船壱艘、網子弐拾弐三人つゝ所持仕来り候」とあるように網船と二十二、三人の網子を所持していた。網子は「代々其《その》津元の網子年々勤来り申候」とあるように、特定の津元との隷属性が強いことを予想させる。前にみた重寺村の網子徳用の但し書きにも「網子は抱同前の儀に御座候故、津元網子割合の儀は代割之筋に御座なく候」と記されていた。

一津元壱人に付右網船と申候て立漁網を積候船壱艘幷右立網立切の分は都て右網類共に不残《のこらず》津元役に打立修復仕《つかまつり》候、尤《もっとも》此分の漁之節十分一引幷十五引等これ有津元取来り申候、右の外むらき船と申小船壱艘津元より差出し、是又御入用名目これ有引来申候

一あて網小立網取網は津元にて仕立修復仕、尤此分入用として水引の内右名目これ有

取来申候
一上網下方志らい手添、右三品の網は仕立修復共に網子番に仕、尤此分入用として水引の内右名目これ有取来り申候
一右の外小乗船は立漁の節不残網子より指出し申候、尤損料は代口割にて取申候、右の内志らい船と申骨折候船壱艘御座候、此分右一同一代割、外に右目これ有骨折代取来り申候

この史料は「重寺村口上書」のうち船および漁具について記された部分である。網船一艘と魚道を塞ぐ立網（塞ぎ網・大網ともいう）、囲い込んだ魚を湾内で曳きあげやすい場所に誘導するために使う網類一式、さらに「むらき船と申小船」一艘は津元所有であり、これらの漁具・漁船の修復費は「水引」「十五引」として漁獲高の中から差引かれ、津元に渡されている。

これに対し、網子は上《じょう》（丈）網などの若干の小網と小乗船を差し出し、その修復費は「水引」にて網子に渡されている。

重寺村では「魚小釣幷鯛網漁仕候、右は津元相構申さず、網子共勝手次第申合、右猟《(ママ)》仕候て直に割取申候、これに依て右猟《(ママ)》道具も右猟《(ママ)》師仲間にて拵置申候（以下略）」とあるよ

うに釣漁はもちろん、建切網漁以外の鯛網漁などは津元は行わず、網子でもある漁夫が自由に行っていたのである。したがって網子が差し出した小乗船は網子が建切網漁のない時に使用していた小漁船であったと思われる。

以上のように、建切網漁に使用する基本的な生産手段＝網船・漁具は重寺村の場合は津元の個人所有であった。しかし、網戸場＝漁場の占有形態は一津元が網戸場を占有する原則にしたがい、重寺村の四網戸場は四人の津元によって占有されていたが、その利用形態は四津元が各網戸場を回り番に利用するものであった。網戸場は四津元の共同所有であったといえよう。この点は網戸場が村の共有である立保村や足保村と一つの網戸場を共有している久料村と異なるところであった。こうした村々では生産手段である漁具もすべて村有であり、津元も名主が職務上勤め、徳分も代割制《しろわりせい》のなかで配分されていたのである（前節参照）。

ともあれ、長浜村・重寺村の津元は網船と立網など網一式を所有し、そのためにかなりの資金が必要であったために、諸経費と三分の一税も差引いた分配金の三分の二を津元徳分として分配されていたと思われる。

諸網の製作・修復費

長浜村付の重寺村・長浜村・久連《くづれ》村・立保村・足保村・古宇《こう》村・久料村・江梨村が書きあげた「山方浜方稼之訳書上帳」（長浜村大川〔大上〕家文書）の重寺村の書上げに、

一立漁網壱仗《じょう》長三百五〇間 幅三拾尋 重り石を附け申候、尤縄網にて新規に仕立候得は壱仗に付七両位、但《ただし》網入用壱ケ年に金弐両弐分位にて出来申候

一右の網の内へ引廻し候網は小立網と申小目成《なる》縄網にて御座候、壱仗長百尋 幅拾尋 重り石を附申候、新規に仕立候得は壱仗に付金三両位、但網入用壱ケ年に金壱両壱分位にて出来申候

と記されている。

縄網を新調すると一丈金七両ぐらい、入江に追い込んだ魚を引き回す小立網の新調費は三両ぐらいであった。先にふれたように建切網漁には中立網・小曳網・取網等々数種の網が必要であり、すべての網の購入・制作費は立網・小立網の合計一〇両よりはかなり多いはずである。

さらに建切網漁に使用する網の中には麻網を使う部分もあった。たとえば「山方浜方稼方訳書上帳」の江梨村の項には、

一立漁大網長凡三百弐拾間程三拾弐間ほと但し石を附申候
右の網の内麻網百六拾間程幅五間ほと新規にいたし候へは壱丈に付三拾両程入《いり》申候

と、麻網は縄網より半分の大きさでも、縄網の約四倍、三〇両であった。したがって、すべての網を新調すると最低でも五〇両ほどの資金が必要であったと思われる。

津元と網子の歴史的関係

津元は網ばかりでなく網船やその修復費を必要とするため、網や網船を所有している場合にはかなりの資金が必要であったと思われる。津元と網子との徳用の配分が津元に三分の二、網子に三分の一と二対一の比率で配分されても、それだけで津元の得分が不当に大きいとは一概にいいがたいように思われる。長浜村の場合、津元徳用が三分の二といっても、漁獲高の二三％あまりにすぎない（前節参照）。この点を明確にするためにも津元および網子の経営に立ち入った検討が必要であろう。九十九里の鰯大地曳網漁の網元については本書においても若干指摘しているが、拙著『近世漁民の生業と生活』（吉川弘文館、一九九九年）を参照されたい。

ところで長浜村の「立漁割合書上帳」は、同村の名主・組頭・百姓代が連名で三島役所に差し出したものであり、重寺村の場合は名主津元・組頭津元、それに二名の津元、網子代として二名の百姓代が連名で山本平八郎御役所へ差し出したものである。木負村の場合は名主津元・組頭、二名の長百姓代、津元、二名の網子代、さらに惣百姓代が連名で山本八郎様三嶋御役所に差し出したものである。

この事実は建切網漁における漁獲物の配分が内浦・西浦においては津元と網子との間の問題にとどまらず、村全体の問題であること、さらに配分の内容については問題点はあるものの、形式的には村中の合意のうえに決定されていたことを示している。しかし、その合意は津元と網子との間の歴史的関係を前提とした、それぞれの時期の力関係を背景として結ばれたものであることはいうまでもない。

寛延三年（一七五〇）の「立漁割合」（長浜村）の内容を見ても、三分の二にあたる津元徳用の配分理由として「漁道具入用の儀も津元より拵《こしらえ》出し申し候」といいながら、「水引」と称して小立網・取網の修復費や、立網・網碇の修復費を「十五引」と称して受け取っているし、また「津元鱠《なます》」と称して津元の寄合の費用を受け取る一方、御三分の一税は網子に負担させることなど多くの矛盾を内包していた。

津元と網子の係争

こうした矛盾点をめぐり、この地域では津元と網子との間でしばしば係争が起こり、村方騒動に発展した事例も少なくない。たとえば江梨村では慶安年間（一六四八～五二）、延享・寛延・宝暦年間（一七四四～六四）、文化・

文政年間（一八〇四〜三〇）、安政・万延・文久年間（一八五四〜六四）、と、津元と網子との間で徳用配分、分一運上の負担をめぐる係争が起こっている。そのつど徳用配分の名目・割合が修正され、明治六年（一八七三）には津元制は廃止され、帳元輪番制による実質上の一村の共同経営に移行した。この経過については五味克夫「豆州内浦組江梨村における津元（名主）網子（百姓）の係争と分一村請について」（『常民文化論集1』一九五四年）を参照されたい。長浜村・小海村でも、津元と網子の係争がしばしば起こり、両村とも明治十七年（一八八四）以降、津元制は廃止され一村の共同経営に移行している。

長浜村の場合は、江梨村についで漁業の占める比率が高く、しかも建切網漁が同じ様相を示す重寺村と同様、津元と網子との関係が隷属性の強い、その意味では津元の支配権が強いことが、江梨村にくらべ、津元制の廃止、一村の共同経営への移行がおくれた原因の一つであろう。また江梨村の場合は専漁の村といいうる長浜村・重寺村にくらべ、漁業が五〇％と低いことが共同経営に移行した原因の一つかもしれない。

ともあれ、明治六年（一八七三）に江梨村、明治十七年には長浜村・小海村で巨額の資金と労働力の編成を必要とする網経営＝津元経営が廃止され、村の共同経営に移行した背景には、村共同体のなかで津元と網子が対立しつつも、そのつど合意を求めあう環境があったことも一つの理由であろう。

こうした問題点も含めて近世漁村のありようを検討することが、近世・近代の漁村の構造と変化を明らかにするためにも、また戦後の漁業制度改革を再検討するためにも必要であろう。

漁業権と漁場

沿岸漁業の類型

すでに述べたように漁業は変化に富んだ海岸線に沿い、潮の流れに沿って生息し、回遊する魚類をさまざまな漁具を使って捕獲する生産活動である。江戸時代末期までにほぼ出揃ったわが国の代表的な漁業は、地先《じさき》の海面を利用する、すなわち地先の海面を漁場とする漁業と海岸線より沖合の漁場で漁を行う漁業に大きく分けられる。

漁場の係争

ところで当然のように思われる地先漁場地元主義も、前代から漁場として利用してきた他村の漁民がいる場合には、旧慣尊重のもとでは必ずしも当然のこととして行われなかった。漁場の専有利用関係をめぐる係争が、中世から近世にかけて、各地に見られたのも当然のなりゆきであった。

近世に入ると、兵農分離のもとで海民・漁民の軍事的意味は小さくなり、百姓として漁業をはじめ、生業に精進し、年貢夫役《ぶやく》を負担することが幕藩権力から要求され、石高《こくだか》に切り結ばれることが漁業権を得るもとになってくる。

地先の漁業

地先海面を漁場とする漁業は縄船などと呼ばれる小漁船を操り、海底の漁礁などをねらって、小規模な曳網・手繰網・刺網などの網、延縄や釣具を使い、また、やす・もり・鮹壺《たこつぼ》などの特殊具を使って地先海面で行う小漁業＝家族漁業と、九十九里の大地曳網や西伊豆内浦の建切網のように、大規模な網具と労働力を必要とする大規模組織漁業とがある。

この両者は同じ地先の海面・漁場を利用するものであり、当然漁民間の係争も予想される。たとえば内浦ではカツオなどの回遊魚の大群が三津《みと》湾に入ったにもかかわらず、建切網組の網子（漁夫）が湾内のタイなどの大漁に夢中になり、網子としての仕事をしないで、建切網の津元と争いになったことなどは好例であろう。長浜村から三島役所に提出された「口上書」によると、同村の釣漁は建切網の網子や同村の小漁師の勝手次第であり、同所の網戸場《あんどば》において津元・網子が「六人網と申し候」て勝手次第に底曳網を行っていた。また鰤網《ぶりあみ》も鯎《いなだ》網も津元と網子がめいめいに仕立て、同じ網戸場で漁を行い、漁獲高の三分の一を網戸代として津元に渡していると記されている。

このように長浜村の位置する三津湾には、津元に属さない小規模な漁師や網子が津元とかかわりなく行う釣漁や鰤網漁・鯎網漁があり、漁が競合しない場合はともかく、競合した場合には網子と津元の争いがおこるのも当然であった。

こうした争いは、三津湾に限らず、各地の地先漁場でみられることであり、漁具・漁法が魚種に応じて漁期と漁場を限定して使用を認める漁業権が定められた。

沿岸沖合の漁業

これに対し、同じ村に住みながら、地先漁場では漁を行わず、その沖の漁場でカツオの一本釣や、数艘の船を編成して行う八手網《はちだあみ》や揚繰網《あぐりあみ》、船曳網などの漁業がある。その中には「瀬の海」と呼ばれる駿河湾の中央に位置する漁場のように伊豆半島から御前崎《おまえざき》までの広範囲の漁民が入会《いりあ》う好漁場もある。その漁場で各種の魚を漁獲する漁業もあれば、カツオの一本釣のように、漁法を限定し、その漁具・漁法に適した魚を広い海原に追い求める漁業もある。

こうした漁業は八手網や揚繰網のように数艘の網船・取船を組織した組織漁業もあれば、カツオの一本釣のように一船一家主義にもとづく船元（船主）経営もある。いずれにしても、これらの漁業は沖合の漁場で魚群を追って漁をするものであり、その点からみると近代の遠洋漁業と変わりはない。

ただ遠洋漁業と異なる点は、動力機関と冷蔵・冷凍技術が未発達のため、漁場が漁獲物を水揚しうる港から夏場の場合はせいぜい一里半（六キロ）くらいの漁場でないと操業できないことである。特に黒潮に乗って回遊する魚類の漁期は夏場であり、海水だけではいたみが早い。明治期以降の漁業の近代化は、漁船の動力化よりも製氷技術の発展に規定されていたといえよう。各地の漁業組合に製氷所が併設されているのはその現れであろう。

この点に注目し、直近の港から一里半ほどの漁場でしか操業しえない沖合漁業を遠洋漁業と区別して沿岸沖合漁業と呼ぶことにした。

家族漁と組織漁業

以上のように日本の伝統的漁業には地元の海面を主たる漁場とする小規模な家族単位の漁業と地先海面に回遊してくる魚類を地曳網や建切網を使って漁獲する、網元・津元と呼ばれる大規模な組織漁業＝網組漁業、さらに、沖合の漁場でカツオの一本釣、マグロの延縄《はえなわ》、各種の敷網・船曳網・流し網・揚繰網類を使った大規模な沿岸沖合漁業があった。

こうした類型を異にする漁業は同じ海村に住み、村人としての共同体を構成していながら、小規模な家族漁業は同じ地先漁場で行われる大地曳網や建切網漁とも、また沿岸沖合漁業とも対立する面を持つものの、漁場と漁業権に関する協定をもうけ共存しえたが、地先漁場で行う網組漁業と、地先沖を漁場とする大規模な組織漁業とは共存しえない面を基本的に持っているように思われる。

たとえば九十九里の鰯《いわし》大地曳網を見ると、この漁法は九十九里の砂浜に近づいたイワシに網を掛け、浜に曳きあげる漁法であり、そこには沿岸沖合漁業に従事する大型の船を繋留する入江も港もない。

明治二十年代（一八八七〜九六）に改良揚繰網漁が九十九里に入ってくると、この沿岸沖合漁業である改良揚繰網漁業は地曳網漁業とまっこうから対立してくる。改良揚繰網漁業は明治二十年代以降、九十九里でも普及してくるが、揚繰網の網元に、地曳網の網元から転出した者は一人もいなかった。彼らは小船をあやつる小漁船の漁師か地曳網の付属商人であった（拙著『近世海村の構造』序章参照）。沖を通り、さらに海辺近くに回遊してくるイワシに網をかけて浜に曳きあげる地曳網漁にとって、沖で敷網や揚繰網でイワシを獲る漁業とは本来的に共生できないのである。この点は、駿河湾沿いの海岸線にある村々においても、揚繰網漁と地曳網漁との対立がしばしば認められる（『静岡県水産誌』）。

また西伊豆の内浦の建切網による網組漁業も、深い入江に入ってきた大型の回遊魚の退路を大網で遮断し、数種類の網を使って岸辺に曳き寄せ取網などで採捕する漁業であるから、その入江は大型船の繋留場としては不向きであり、地先の沖合で回遊魚を採捕することは魚類が入江に回遊してくることを妨げることになる。したがって、建切網漁業と沿岸沖合漁業とはあいいれないものであった。

このように漁場と漁法の異なる漁業の展開は、漁場と漁法を異にする漁民間、漁業組織間の対立・抗争をもたらす。それゆえに漁村の人間関係は漁民相互の間で対立と協調がくり返されるなかではぐくまれ、慣習を前提とした契約関係として現れる。これまで漁業、漁村を考える場合、漁民間の漁場の専有利用関係、漁業権の実態と特質が問題とされてきたのもうなずけるところである。

さまざまな漁具と漁法

漁業を生業とする漁師たちは、地先海面であれ沖合であれ、いつでも自由に漁業を行えるわけではない。魚の生息する場所、回遊する魚道は魚の種類、季節によってまちまちであり、漁具の使い方も、対象とする魚の性質や海底の地形の状態によってさまざまである。漁師たちが海底環境や魚の習性を考慮しながら、知恵と工夫をこらして作りあげてきたさまざまな漁具は、限られた漁期と漁場において使用され、年間を通して使用されることはほとんどなかった。

それゆえに、漁師たちは限られた漁期と漁場に応じて習性の異なる魚類を採捕する多種多様な漁具を持つことになる。なかには数十種類の漁具を持つ漁師もいた。こうした漁師は地先海面やごく近海の漁場で漁をする小漁船をあやつる小家族単位の独立自営の漁民に多かった。彼らはごく近い漁場で季節に応じて生息し、回遊してくる魚種に応じた漁具を使って年間を通して漁業を行うのである。こうした傾向はごく一部の網漁を行う沿岸沖合漁業者にも見られるが、その漁具の種類はそれほど多くはない。

沿岸沖合漁業者の中にはカツオの一本釣漁業に見られるように、漁法も対象魚も一種類に限られているものもある。こうした沿岸沖合漁業の場合は、対象魚も漁法も数種類に制限し、その漁具・漁法に合った魚群を追い求めて移動し、漁を行うのである。

近世初期に移動し、旅漁をつづけながら各地に漁業を拡げていった紀州や上方漁民、幕末以降、魚を追って寄留・移住をくり返し、九州から、玄界灘、さらに朝鮮半島沖から台湾へと寄留・移住しながら漁業を行う瀬戸内の漁民たちは、漁具・漁法を限定することによって対象魚を外海にまで追い求めることに専漁の道を求めた漁民たちであった。

彼らの選んだ専漁の道は、地先の漁場や、ごく近くの沖合漁場で季節によって変化する

図24　紀伊のカツオ釣り漁船

多種の魚類を多種多様な漁具と漁法を使って漁することに専漁の道を求める独立自営の小漁者とはまったく違った方向を持つものであった。

漁場の係争と占有利用権

本来、公共の用に供せられる海面における漁業はだれが行ってもかまわないはずである。事実、近代化の過程で明治政府は、明治八年（一八七五）に海面の国（官）有化を宣言し、これまでの慣行を廃して漁場の利用を全ての海民に開放した。しかし、漁業の実態を無視したこの施策は漁業者間に借用の区域をめぐる争いを激化させたため、政府は翌九年にはこれを事実上廃止せざるをえなかったのである。この事実は、漁業が他人の海面利用を時には排除しなければ行えないことを示している。漁業はその性質から、自由勝手に海面を利用し、操業することはできず、漁具・漁法を異にする漁民相互間の取決めにもとづいた秩序のもとに行われている。

たとえば安政四年（一八五七）十二月に、駿州富士郡大野新田から豆州加茂郡石部村の四六人の総代が、駿州庵原《いはら》郡蒲原宿から同郡洞《ほこら》村の二五人の総代を相手として評定所に提出した訴状によると、富士郡の大野新田から加茂郡の石部村までの四六ヵ村は豆州内浦の海岸付の村で田畑は少なく、古来より漁業で身を立ててきたと記されている。特に豆州内浦の村々の漁業は湾内の網戸場《あんどば》に入ってきたマグロ・カツオ・メジカなどを網を懸け廻し魚を引き揚げる漁業であるから、釣漁などが建切網漁の差障《さしさわ》りにならないようにする浦定めがあり、新規の漁法は行われないことになっていた。ところが去る文政七年（一八二四）に蒲原宿の七兵衛と申す者が、「まかせ」と唱える新規の鰹網《かつおあみ》を仕立て、戸田《へだ》村の網戸先で漁を行った。そのときは網を差し押え、懸合い、まかせ網を網戸先では使用しない詫証文《わびしょうもん》をとったのである。しかし、蒲原宿より西の九ヵ村の漁民は新規に「沖あくりまかせ」と称する長さ八〇〇尋《ひろ》（約一四五五メートル）の大網を仕立て、蒲原宿沖から西伊豆大瀬崎沖まで、およそ七里あまりの場所に数百艘がでて、マグロ・カツオなどの浮魚類を見懸

図25　マカセ編み船図絵馬（大正５年９月，志下・八幡神社蔵）

けしだい、網を懸け廻すのである。それゆえ、豆州内浦に入ってくるマグロやカツオなどの回遊魚は魚道をふさがれ、伊豆・駿河の建切網漁は不漁となり難渋している。そこで沖揚繰網は止め、これまでの仕来りを守ることを訴えているのである。こうした地元網漁と沿岸沖合漁業との抗争は江戸時代を通してしばしば見られ、九十九里浜においても、地先を漁場とする鰯大地曳網と沖合を漁場とする揚繰網漁が激しく抗争している。

この事実は、漁場の占有利用権が、ある水域＝漁場を自由勝手に利用する権利ではなく、その水域において特定の漁具・漁法により、特定の魚種を対象とする権利として発展してきたことを物語っている。

そもそも漁業は移動回遊する魚類を対象魚の生態に応じた漁具・漁法を考案し、採捕するものである。したがって、より効率的な漁具や漁法を使用し、その規模を拡大すれば、限られた水域の中で操業する他の漁業や漁民、さらに近隣の漁場で操業する漁業や漁民と対立する側面を本来的に持っているといいうるであろう。

一つの水域にはまったく性質の異なった魚類が海底から海面にかけて重層的に生息し、回遊しているのであるから、ある特定の漁業者に一つの漁場の占有利用権を独占的に与えうるものではない。しかも限られた漁業資源は漁具・漁法の発達に逆比例して枯渇するものである。また気温や潮流の変化など自然環境の変化によって、魚道・漁場の位置はつねに変化し、その変化に応じて漁具・漁法、漁具の規模などの変更は避けがたい。

こうした性質を漁業が本来的に持っているかぎり、漁業のあり方は条件の変化に応じ変わらざるをえない。もしそれが漁場の占有利用権を持つ漁民によって勝手に変更しうるとすれば、一つの水域で操業する漁民、あるいは近接する漁場の漁業と抗争することになる。それゆえに限られた漁業資源を守りつつ、秩序ある操業を実現するためには漁業者の対話を通して、また幕府や諸藩の調停によって、漁場の占有利用権も管理・制限・変更が加えられていたのである。漁場占有利用権は漁業調整上の必要から、近世においては幕藩領主の許可を受けていたのであった。そのことが、漁場占有利用権が排他的独占権として一人歩きする原因にもなっていた。

漁業権の確立　ところで、近代に入ると、幕藩領主に代って明治政府が許可することになるが、実際には都道府県知事にその権限が委任され、漁業権は知事の免許にもとづく、一定の漁場において一定の漁業を独占的・排他的に営む権利として確定した。

漁業権には、定置漁業権、区画漁業権および共同漁業権の三種類があり、漁業制度上漁業の種類を分ければ、漁業権漁業のほかに許可漁業と自由漁業がある。自由漁業は水産資源の保護培養上、あるいは漁業の調整上、特に問題とならない一部の一本釣や延縄漁業など免許や許可を必要としない漁業である。漁業権漁業のうち、定置漁業権は建網、定置網などの漁具を定置して行う漁業である。区画漁業は第一種から第三種までの三種類があるが、いずれも一定の区域内で営む養殖業である。許可漁業は水産資源の保護や漁業調整の目的から、自由に漁業を営むことを一般的に禁止したうえで、行政庁が特定の者に審査したうえで禁止を解除し、漁業を営むことを許可するもので、他の漁業者を排除して独占的に営む権利である漁業権漁業とは本質を異にするものである。沖合底曳網漁業、大中型のまき網漁業、遠洋鰹・鮪《まぐろ》漁業など、比較的大規模な漁業がその対象になっている。現在、日本の漁獲高の多くはこの許可漁業によって占められているといわれる。

沿海漁場の占有

漁場と魚礁

魚類は広い海原のどこにでも生息しているわけではない。魚はその性質に応じ、生息するのにふさわしい環境を持っている。そして、その場所は魚の種類によってもまちまちである。そうした魚類が生息し、魚類が集まり、その魚を採捕することによって利益をあげることができる場所を漁場という。そのうち、海藻が繁り、稚魚《ちぎょ》が外敵から身を守りやすい環境がある岩礁《がんしょう》地帯は、また稚魚を餌とする魚が集まる場所でもある。そこでは海の中の食物連鎖が見られる場となる。こうした岩礁は黒潮《くろしお》などに乗って回遊する大型魚の休息の場だといわれている。岩礁地帯を魚の生息地という面から魚礁《ぎょしょう》ともいい、そこは格好の漁場となる。

また魚の集まる場所は海底に沈む魚礁ばかりではなく、変化に富んだ海岸線も魚類の生息の場、集まる場でもある。海岸にはミネラルが豊富な淡水が流入し、魚が身をかくす魚付林《うおつきりん》におおわれることが多い。地曳網や建切網によって、あるいは定置網を仕掛けることで魚を採捕しやすい環境をもつ湾や入江や砂浜は絶好の漁場となる。

こうした魚が生息し、集まる場所で、漁民たちは魚の種類・性質に応じて、あるいは自然環境・海底環境に応じて漁具・漁法を考案し漁を行う。さらに魚資源の枯渇を防ぎ、漁場の環境を維持するために、魚付林の保護も行ってきた。

また、漁業が対象とする魚群は、産卵期に産卵場に集まっているか、索餌《さくえ》域に集群している場合が多い。したがって漁場は、生まれた稚魚の餌料環境が良い水域、つまり植物性プランクトンや身を守る海藻類が豊富な所が多い。陸棚や海底から隆起した堆《たい》や礁などが古くから漁場として利用されてきた。また潮目《しおめ》や潮境《しおざかい》は古くから生物が集まり、好漁場となることが知られている。

倉橋島周辺の漁場

表3は瀬戸内海で四番目に大きい倉橋島《くらはしじま》の浦々の地先《ちさき》の漁場を明治十九年（一八八六）の「漁場慣行届」から整理したものである。

この表から明らかなように、漁場は広さも漁場の位置する環境に応じてまちまちであり、一町歩（約〇・〇一平方㌔）ほどから、長谷漁場のように六八四町六反六畝と広いものもある。この慣行届には、漁場はただ単に場所と広さだけを届けるのではなく、そこで漁獲する対象魚と、それぞれの魚を採捕する漁期が示されている。

倉橋島周辺の漁場での対象魚はイワシ・雑魚《ざこ》・タイであり、イワシは春網が四、五月ごろから六月中旬まで、夏網は七月上旬から八月中旬、秋網が九月上旬から十一月上旬までとなっている。その期間は場所によって違いがある。雑魚の場合は期限が限定されることがなく無期であるが、タイはイワシと同様に期間が限定され、四月中旬から五月下旬のほぼ四〇日ほどであった。

この倉橋島の地先漁場では、表3の〈備考〉で示しておいたように、明治十三年（一八八〇）までの五ヵ年平均、イワシは二五〇〇石・五〇〇〇円、タイは一〇〇〇貫・二〇〇円、雑魚は三〇〇貫・二四〇円の漁獲高があった。

ところで、この「漁場慣行届」には〈備考〉にみるとおり、享保十四年（一七二九）から明治四年（一八七一）までの各年間の鰯網の納税額が示されている。納税額は年によってかなりの多寡がある。それは年によって漁獲高に変化があり、漁業の不安定さを示すものであろう。それとともに享保期から明治前期まで、漁業慣行にほとんど変化がないこと

周辺漁場概要

鰯		雑魚	鯛
夏　網	秋　網		
7月上旬～8月下旬	9月上旬～11月中旬	無期	
7月上旬～8月下旬	9月上旬～11月中旬	無期	
7月上旬～8月下旬	9月上旬～11月下旬	無期	
7月上旬～8月下旬	9月上旬～11月中旬	無期	
7月上旬～8月下旬	9月上旬～11月上旬	無期	
7月上旬～8月下旬	9月上旬～11月上旬	無期	
7月上旬～8月下旬	9月上旬～11月上旬	無期	
7月上旬～8月下旬	9月上旬～11月上旬	無期	
7月上旬～8月下旬	9月上旬～11月上旬	無期	
		無期	
7月上旬～8月下旬	9月上旬～11月中旬	無期	
7月上旬～8月下旬	9月上旬～11月中旬	無期	
7月上旬～8月下旬	9月上旬～11月中旬	無期	
7月上旬～8月下旬	9月上旬～10月中旬	無期	
7月上旬～8月下旬	9月上旬～11月上旬	無期	
7月中旬～8月中旬	9月上旬～11月中旬	無期	
7月上旬～8月下旬	9月上旬～11月中旬	無期	
7月上旬～8月下旬	9月上旬～11月上旬	無期	
7月上旬～8月中旬		無期	
7月上旬～8月中旬	9月上旬～11月中旬	無期	
7月上旬～9月上旬		無期	
7月上旬～8月中旬	9月上旬～10月上旬	無期	
5月上旬～7月上旬	9月上旬～10月上旬	無期	
7月上旬～8月中旬	8月上旬～8月中旬	無期	
7月上旬～8月中旬		無期	
7月上旬～8月中旬	9月上旬～9月下旬	無期	
7月上旬～8月中旬	9月上旬～11月中旬	無期	
7月上旬～8月中旬		無期	
5月上旬～6月上旬		無期	

表3　倉橋島

字　名	漁 場 名	反　別	春　網
本　　浦	笹小島漁場	3町2反歩	5月上旬～6月中旬
	本浦前漁場	140町歩	
尾曽郷	獺郷漁場	2町7反歩	
須　　川	須川漁場	21町5反歩	
西宇渡前	西宇渡前漁場	43町3反歩	
大向前	大向前漁場	101町9反歩	
重　　生	尾郷烏賊塚漁場	25町歩	
	重生漁場	50町歩	
灘	鳴滝漁場	40町歩	
宇和木	宇和木漁場	8町3反歩	
釣上川	平見山漁場	33町3反歩	
	釣士田漁場	30町歩	4月上旬～6月下旬
長　　谷	長谷漁場	684町6反6畝歩	4月中旬～6月中旬
尾　　立	横山漁場	16町2反5畝歩	
	長尾間漁場	23町3反3畝歩	
	尾立前漁場	99町2反歩	5月上旬～6月中旬
	井目木石持漁場	25町歩	5月上旬～6月中旬
室　　尾	藻浦漁場	48町歩	4月中旬～6月上旬
	袋之内漁場	40町歩	5月初～6月中旬
	室尾前漁場	72町歩	5月上旬～6月中旬
大　　迫	迫尾漁場	4町6反6畝歩	
	亀ケ首内漁場	37町3反歩	
	亀ケ首外漁場	5町5反歩	
	船隠漁場	6町9反歩	
	大迫内漁場	44町歩	4月上旬～6月下旬
	唐船浜漁場	8町3反3畝歩	
海　　越	海越前漁場	30町歩	5月上旬～6月中旬
鹿老渡	日ノ浦漁場	26町1反2畝歩	5月上旬～6月中旬
	遠見漁場	11町2反歩	

7月上旬～8月中旬	9月上旬～11月中旬	無期	
5月上旬～6月中旬	9月上旬～11月中旬	無期	
7月上旬～8月中旬	9月上旬～11月中旬	無期	
7月上旬～8月中旬	9月上旬～11月中旬	無期	
7月上旬～8月中旬	9月上旬～11月中旬	無期	
7月上旬～8月中旬	9月上旬～10月中旬	無期	
7月上旬～8月中旬	9月上旬～11月中旬	無期	
7月上旬～8月中旬	9月上旬～9月下旬	無期	
7月上旬～8月中旬	9月上旬～9月下旬	無期	
7月上旬～8月中旬	9月上旬～9月下旬	無期	
7月上旬～8月中旬		無期	
7月上旬～8月中旬	9月上旬～9月下旬	無期	
7月上旬～8月中旬	9月上旬～10月上旬	無期	4月中旬～5月下旬

	伊勢浜漁場	7町8反歩	5月上旬〜6月中旬
	白浦漁場	13町3反歩	
鹿　島	鹿島西漁場	45町歩	
	鹿島北漁場	13町3反歩	
	鹿島東漁場	40町歩	
	鹿島南漁場	9町3反4畝歩	
	羽山漁場	10町歩	
黒　島	黒島西漁場	1町6畝歩	
	黒島北漁場	1町6畝歩	
	黒島東漁場	1町3反3畝歩	
続　島	続島漁場	1町6反歩	
横　島	横島南漁場	16町歩	
	横島北漁場	16町歩	

〈備考〉	捕獲高平均	鰯	2500石	5000円	
		鯛	1000貫目	200円	
		雑魚	300貫目	240円	
	納税額	鰮網	享保14〜元文4	24年間	年に銀112匁
			元文5〜文化6	70年間	年に銀67匁
			文化7〜9	3年間	年に銀45匁
			文化10年		年に銀22匁5分
			文化11〜12	2年間	年に銀101匁2分5厘
			文化13〜14	2年間	年に銀82匁5分
			文政1〜4	4年間	年に銀37匁5厘
			文政5〜明治4	5年間	年に銀56匁2分5厘

史料　明治19年「漁場慣行届」

を物語っている。

捕漁場と採藻場・採貝場

ところでこの明治十九年（一八八六）七月六日の「倉橋島沿海漁場慣行調査」（倉橋町教育委員会蔵）によると、漁場には捕漁場と採藻《さいそう》場、採貝《さいかい》場の三種類があり、それぞれの漁場はたとえば捕魚専用の区画は、干潮の時は潮の引いた水際から、さらに繋船場、採藻場を除いた区画などと潮の干満の水位まで含めて厳密に定められている。倉橋島の周辺には沖ノ山採藻場から羽山採藻場まで六六ヵ所の採藻場があった。一つの採藻場の面積は捕魚場、採貝場にくらべて狭く、沖ノ山、小島の地先採藻場はわずか二〇歩（約六六平方メートル）で、一畝（約九九平方メートル）にも満たない。一町歩（約〇・〇一平方キロメートル）以上の採藻場は黒島西北の一町三反九畝一〇歩、菓子ノ子一町二反七畝五歩、羽山三町五反歩の三つの採藻場で、四町歩を超える採藻場はない。

採藻場は農民が農耕肥料として藻類を利用することを目的に開いたものであり、本島民に限る入会地《いりあいち》であった。それゆえ、本島民が海藻を採取しても無税であったが、他村の者が利用した場合は「悔悟金《かいごきん》」を徴し、時には追い払い、退去させられた。この慣行は今日も守られているという。こうした採藻場の慣行は、ワカメ・コンブなどの商品性をもった海藻の採取慣行と異なる点である。

漁場の開発

ところで、倉橋島の地先漁場には鯔《ぼら》漁場のように「一己《いっこ》専業」の漁場と「島内限り入会」の漁場、数ヵ村の漁民が利用する数ヵ村入会の漁場がある。また鱅《このしろ》漁場のように開発当初は「一己専業」の漁場であったが、のちに村内限り入会の漁場に変更されたものもあった。

明治十九年の「倉橋島沿海漁業慣行調査」には「島内限り入会の捕魚場は鰯網漁業にして……」と鰯網漁業が中心であると記されている。また「数村入会の捕漁場は其《その》区画種類等一様ならずして……」と魚種、漁法等により違いがあると指摘されている。ここでは開発の様子がわかる、鯔漁場と鱅漁場について見ることにしたい。

鯔漁場

鯔漁場は「一己専業」と個人所有的性格を有している。まずはその開発の様子を明治十九年六月に倉橋島の漁夫総代、漁場専業者林箴一郎が戸長役場に提出した「鯔漁場慣行届」から見ることにしよう。

この林箴一郎の専業の漁場は同慣行届によると「室尾経ヶ滝鯔漁場」と呼ばれ、室尾の経ヶ滝海岸より幅七〇間（約一二七メートル）、沖へ六〇間（約一〇九メートル）を境界とする第一本漁場と、字《あざ》上横網代《あじろ》、幅四〇間（約七三メートル）、沖へ五〇間（約九一メートル）の第二付属落し網代漁場、字経ヶ滝上ノ鼻海岸、幅三〇間、沖へ五〇間の第三付属先キ網代漁場、字温海山海岸の幅三〇間沖へ五〇間の第四付属先キ網代漁場からなっている。このように鰡漁場は一つの本漁場と複数の先キ網代漁場と落し網代漁場によって構成されていた。

第一本漁場は明治八年（一八七五）ごろに林箴一郎本人が持つ経ヶ滝山に登り、鰡漁場に最適な漁場として発見し、翌九年より大小の磯石を石工や水練が達者な者を雇って取り除き漁場として整備したのである。大石は火薬を使って割り崩したと記されている。

第二・第三・第四の付属漁場も、第一本漁場と同じ明治八年ごろ発見されたが、第三付属漁場は第一本漁場、第四付属漁場の整備に時間と労働力と費用がかかり、明治十九年にいたってもまったく漁場として利用できていないと記されている。第一本漁場は明治九年に約半年で整備されたが、整備費は約一八〇円かかった。第四付属漁場の場合は整備に明治九年から同十四年まで約六ヵ年かかり、費用は七九円かかっている。第一本漁場の場合は整備期間は半年と短いが、費用は第四付属漁場の二倍強かかっている。

ところで第二付属漁場の場合は、漁場を発見した上横網代山の持ち主林恭蔵より「鰡網代貸渡定約証」を入れ、同山を借り受けている。単に漁場を発見した場所であるために同山を借りたのか、魚見《うおみ》をする場所として借り入れたのかははっきりしない。しかし、魚見をする場所として、時には魚見小屋を設ける必要があるために借り入れたと考えるべきであろう。西伊豆内浦の建切網《たてきりあみ》漁の場合は大網（塞ぎ網）を落とすために最適な山に魚見小屋を建て、そこで魚見をする漁夫を「峯《みね》」と呼び、漁獲物の配分も、普通の水主《かこ》（漁夫）より二倍、三倍と多かった。おそらく鰡網漁の漁法も見通しのきく魚見山から網を入れるタイミングを指揮する漁撈長に当たる漁夫がいたのであろう。この鰡網は九十九里の鰯地曳網のように大きくはないが、地曳網を魚群にかけ廻すものであるから、九十九里の地曳網の指揮をとる「沖合」に相当する者が魚見小屋で指揮をとったと思われる。私の所属していた神奈川大学日本常民文化研究所に、瀬戸内の二神《ふたがみ》島の二神氏からいただいた白い布を張った二本の丸い団扇《うちわ》のような型をした、網漁を指揮し、合図を送る道具が残されている。おそらく、鰡網漁でも、こうした道具が使われていたと思われる。

以上、林箴一郎の室尾経ヶ滝漁場の慣行届から鰡網漁に魚見山が不可欠であり、その山が自分の持ち山の場合は問題ないが、他人の持ち山の場合はその山を購入するか借りなければならない。漁場の整備にはこうした費用も含めて、海底の大小の磯石を石工や水練達者な者を大勢雇って取り除き、第四付属漁場のように土砂を入れて磯石を覆うなどして（実際には入れた土砂が流出して失敗）、漁場として整備をするために多くの時間と労働力、多額の費用を必要としたのである。林箴一郎は第一・第四漁場を整備するだけでも二五九円余の出費がかかった。

　この鯔漁場ばかりではなく、漁場を開発するのに多量の労働力と資力を必要とし、それを負担した者が漁場の占有利用権を占有する場合がかなりあったと思われる。たとえば、西伊豆内浦の建切網漁の場合も、海底に巨岩巨石があり、各種の寄《よせ》網や抄《すくい》網を入れるためには、そうした石を取り除く必要があったはずである。西浦のうち江梨の場合は大きな入江がないため、張置網を海岸から斜め沖に張っておき、建切網漁を行っている。その張置網は根の部分（海底に接する部分）に石を積みあげ張置網を固定している。

　こうした建切網の漁場を整備するためには多量の労働力と費用が必要であり、津元たちは当然、それらの費用を負担し、それゆえに漁場を個人的に占有利用することになったと思われる。九十九里の大地曳網漁の場合も網元は網漁具をはじめ、漁夫を雇うために背後に広がる農村の地主たちから巨額の資金を借りていた。九十九里の鰯地曳網漁もまた漁場の個人占有的利用が強かった。

　ところで、鯔網漁の慣行届には「獲魚の種類」および「捕獲高」「納税の沿革」が記されている。その記述によると「獲魚の種類」は「鯔《ぼら》」、漁業期間は「四月一日より六月十五日まで」、「捕獲高」は「明治十五年より同十八年まで平均、壱ヶ年分四千弐百疋、代価百拾壱円」であった。

「納税の沿革」には漁場を発見した明治八年から六ヵ年後の明治十四年（一八八一）より営業税を納め、同十九年より村費を納めたことが記されている。この事実は鰛網代の整備、鰛漁のソロバン勘定が合うようになるにはかなりの時間を必要としていたことを物語っている。ちなみに第一・第四漁場を整備するだけでも二五九円を要したのであるから、年平均一一一円の漁獲高では船や網、漁夫の人件費などの多額の必要経費を差引くと漁場整備費を償却するだけでも長期間の継続的営業が必要であろう。

つぎに鰛漁場慣行届と同様に「漁業者」から提出された八ヵ所の鰶《このしろ》漁場について検討することにしよう。

鰶漁場　鰶漁場の広さはおよそ六畝（約五九五平方メートル）鰛漁場にくらべると五分の一から一〇分の一と狭い。その漁場は開発当初は鰛漁場と同様「一己《いっこ》専業」、個人所有的性格をもつ専用漁場であったが、後に倉橋島の漁業者の村中入会になっている。

「漁場の沿革」には天保年中（一八三〇〜四四）に倉橋島の古中富蔵が発見し、つぎに沖本次三郎が専業漁場として譲り受け、明治七年（一八七四）には秋口千三郎が譲り受け、年次は明らかではないが、後に「倉橋島漁業者入会」となったと記されている。その年はこの慣行届を提出したのが秋口千三郎であると思われるから、明治十九年以降だと考えられる。

ところで、鰮漁場の場合は以後も「一己専業」であるのに対し、鯆漁場の場合はすべての漁場が「倉橋島漁業者入会」に変更されている。その理由は鰮漁場の方が五倍から一〇倍と規模が大きく、しかも整備に多くの時間と労力を必要とし、さらに魚見山を確保するために巨額の費用がかかり、ときには資金調達のために巨額の債務すら負う場合もあることにある。また、各漁場の年平均漁獲高からも明らかなように、漁場開発、維持にかかる費用を回収するためには継続的な操業を行う必要があることなどが重なり、鰮漁場を手離せない、また倉橋島の漁業者が債務を引き受けられないことが鰮漁場が一己専業漁場として引き続き個人の漁業者の専業漁場として残ってしまった理由であろう。

鰮漁場と鯆漁場を比較してみると、「一己専業」の鰮漁場を単純に鰮網漁の個人独占と考えることはできないであろう。この点は九十九里の鰯大地曳網、西伊豆の内浦の建切網漁の利益配分においても認められることであり、戦後の漁業制度改革の再検討を必要とする問題である。

ところで漁場には鰡漁場のように「一己専業」の個人占有的色彩の強い漁場のほかに、「島内限り入会」＝村中入会の漁場、数村の漁民が利用する数ヵ村入会の漁場がある。この数ヵ村入会の捕魚場は「其区画・種類等一様ならずして……」と魚種・漁法などにより違いがあると指摘されている。この数ヵ村入会の漁場は沿海沖の漁場に多く、その広さはまちまちである。

駿河湾の中央部にも一般に「瀬の海」と呼ばれる、海底が広い範囲に隆起し、堆《たい》や礁《しょう》が分布している広い漁場がある。この漁場は伊豆や静岡の海付の村々の漁民たちが入会《いりあ》う好漁場であった。瀬戸内海においても、瀬戸内の島々や沿岸漁村の漁民たちが入会う漁場があった。そのうちの一つ、魚島《うおしま》入会漁場について述べることにしよう。

魚島入会漁場

魚島入会漁場の漁場沿革によると、この漁場が発見された年代、発見者は不明であるが、倉橋島漁民がこの漁場に入ったのは「私共此《この》漁場に入会せしは、今を距《へだた》る八十年前、即ち文化の始《はじめ》に於《おい》て、当島西原松太郎の曾祖父《そうそふ》弥左衛門ならびに平本甚作の曾祖父虎平の二名」であったと言い伝えられている。そのとき入った場所は「愛媛県下伊予国《いよのくに》弓削島《ゆげのしま》沖合を始《はじ》めとして、前顕四至境界の部に示せる内海」であった。「其《その》捕獲せる鯛《たい》は悉《ことごと》くこれを弓削島の魚問屋其姓詳《つまびらか》ならす平五郎なるものに売渡すこと数十ヶ年なり……」と記されている。

島外の内海入会漁場での倉橋島《くらはしじま》漁民の漁獲高は「明治九年より明治十八年迄、平均壱ヶ年分、鯛月千八百貫目、代価月弐百七拾円」であった。また「納税沿革」を見ると「該漁場に対し納税等の事これ無し」と無税であった。その理由はよくわからない。いずれにしても、漁業税や漁業制度を考える場合に頭に入れておく必要があろう。

ところで本島漁民は、魚島入会漁場での漁獲物は弓削島の魚問屋に売り渡していたが、「元治元年（一八六四）より本県沼隈《ぬまくま》郡田島《たじま》にて、荒川甚四郎なるものを問屋に改正し、以来年々捕獲する処《ところ》の鯛は悉く同人へ売渡すを以《もっ》て、……」と魚問屋を弓削島の魚問屋から田島の魚問屋、荒川甚四郎に変更している。漁民たちは島外の入会漁場では特定の魚問屋との間に獲魚を売り渡す慣行が成立していたのである。

出稼ぎ漁民は獲魚の販売はもちろん、出先海面での漁業権を得るためにも、出先の魚問屋の助けを受けていたのである。たとえば西部瀬戸内海に浮かぶ戸数七〇〇戸ほどの沖家《おきか》室《むろ》の七割を占める一本釣漁民たちは、魚を追って大海を越えて各地に出稼ぎ漁をつづけている。

この漁民たちは船団を組んで出先海面における漁業権を獲得する一方、出先で形式的に寄留・転籍することで、北部九州などの海域での漁業権を得ていたのである。その橋渡しをし、寄留の手続を行ったのが、出漁先で獲魚を買い占める魚問屋であった（『瀬戸内諸島と海の道』・『東和町誌』参照）。魚商人の研究は水産物の流通の問題ばかりではなく、漁業生産そのものの実態を知るためにも必要な研究であることを忘れてはならない。

さて、魚島入会漁場は反別八〇〇〇町（約七九・二平方㌖）のタイを対象魚とする漁場で、明治九年（一八七六）から同十八年までの一年平均の捕獲高は一八〇〇貫目、代価二七〇円の諸国漁人入会の漁場であった。しかし、そこに入会う漁民は諸国漁人入会といっても数ヵ村にすぎないが、つぎに示す上浦《かみうら》漁場のように文字どおり諸国漁人入会といいうる漁場もある。先に指摘した駿河湾の中央に位置する「瀬の海」と称せられる漁場も、諸国漁人入会というにふさわしい漁場であった。

上浦漁場の場合

上浦漁場は安芸《あき》郡・賀茂《かも》郡・豊田《とよた》郡にまたがり、反別三万一九一三町六畝二〇歩（約三一六・六六平方㌖）の広い漁場であり、安芸郡沿海村・佐伯《さえき》郡沿海村・賀茂郡沿海村・豊田郡沿海村・御調《みつぎ》郡沿海村・深津《ふかつ》郡沿海村・沼隈《ぬまくま》郡沿海村・広島区江波《えなみ》村の漁民が入会う広大な漁場である。

もちろん、この広大な漁場のすべての海面に、右の沿海村の漁民が自由に出入りし、漁業を行えたわけではない。この漁場の漁場図には「イ」から「メ」、「甲」から「丁」の印が記され、その印ごとに入漁者あるいは村の限定、特定が記されている。

内

イ印ハ鰯網安芸郡沿海村・広島区江波村入会ヶ所

ロ印ハイ印ニ同シ

ハ印ハ安芸郡蒲刈島脇田四郎九郎鰯専業場所

（中略）

ホ印二ヶ所鰊《かれい》網代ハ加茂郡沿海村入会ノヶ所

（中略）

リ印安芸郡矢野村牡蠣《かき》簀《やな》場《ば》

（中略）

ツ印同郡（安芸郡）同島（仁保島）海苔《のり》簀《やな》場《ば》

（中略）

フ印同郡同島（倉橋島）林箴一郎鯔《ぼら》専業場所

（中略）

甲印範囲三百間以内ハ深津・沼隈郡ニ限リ入会セサルヶ所
乙印佐伯郡ニ限リ入漁セサルヶ所
丙印範囲三百間以内ハ安芸郡沿海村其他広島区江波村ノ釣漁ニ限リ入会ノヶ所
丁印安芸郡沿海村・佐伯郡沿海村・広島区江波村・加賀郡沿海村・沼隈深津郡鞆町外八ヶ村・豊田郡沿海村・御調郡沿海村入会ノヶ所

（後略）

右の限定・特定記載からみると、本来区画漁業権の対象である、その意味でそれぞれの村の村中入会の牡蠣《かき》・海苔《のり》の簗場《やなば》も、また先に検討した倉橋島の林箴一郎の鰮網の専用漁場も、上浦漁場から除かれている。つまり安芸郡沿海村から広島区江波村までの村々の入会漁場である上浦漁場は「イ」印から「メ」印、「甲」印から「丁」印の漁場を除いた場所であった。

表4は、上浦漁場慣行届から、同漁場でとれる魚の種類、漁期、明治九年（一八七六）から明治十八年（一八八五）までの一〇ヵ年の平均捕獲高を示したものである。

明治十年代（一八七七～八六）にこの漁場でとれる魚は雑魚を含めて二〇種類、もっとも漁獲高の多いのは全体の四二％の漁獲額のあるイワシ、ついで多いのは約八％のコノシロである。その他、漁獲額の五％以上を占める魚はサワラとタイのみである。倉橋島の漁業資料で目につくボラ、イカ、サバなどは五％に満たない。

つぎに漁期を見ると、もっとも漁獲高の多いイワシはナマコとともに通年で決まった漁期はない。漁期がもっとも短いのはサワラ、イカナゴで、両者の漁期は五月・六月の二ヵ月である。もっとも魚種の多いのは五月、少ないのは三月である。五月から八月の四ヵ月に対象魚を異にする漁業が集中している。二〇種の魚のうちサワラ・イカナゴ（五月・六月）、サバ・タコ・サメ（五月・六月・七月）、スズキ（六月・七月・八月）、ハモ（鱧）・ヒラアイ（五月・六月・七月・八月）の八種の魚の漁が初夏から夏にかけての四ヵ月に集中している。もちろん、この時期の漁獲高は全漁獲高の過半数を占めている。

平均漁獲高

1ヵ年平均	
漁獲額	漁獲額の比率
円 銭	%
1595.95	5.39
1871.00	6.32
722.00	2.48
12544.70	42.35
76.00	0.25
49.00	0.16
151.00	0.51
201.20	0.68
905.00	3.05
240.00	0.81
2444.00	8.25
703.00	0.37
891.60	3.01
1426.00	4.81
14.95	0.05
94.00	0.32
441.60	1.49
268.80	0.91
22.68	0.07
4954.70	16.72
29617.18	100

表４　明治10年代、上浦漁場の獲魚の種類・季節並びに１ヵ年

	1月	2月	3月	4月	5月	6月	7月	8月	9月	10月	11月	12月	明治9〜18年、漁獲量（貫目）
鯛				—	—	—	—	—	—	—	—		1693
鰆					—	—							10400
鱧					—	—	—	—					3650
鰯	—	—	—	—	—	—	—	—	—	—	—	—	294450
魬									—	—	—	—	380
鱸						—	—	—					340
鰈					—	—	—	—	—				726
海鯽	—	—								—	—	—	1400
烏賊	—	—	—	—	—	—	—	—	—				950
赤貝	—	—	—	—	—	—	—	—	—				40000
鯆	—	—	—	—	—		—	—	—	—	—	—	21300
海鰻鱺	—	—									—	—	3180
鯖					—	—	—						3626
鰡	—	—	—	—	—			—	—	—	—	—	9650
イカナゴ					—	—							1150
蛸					—	—	—						1300
海鼠	—	—	—	—	—	—	—	—	—	—	—	—	2850
鮫					—	—	—						1280
ヒラアイ					—	—	—	—					273
雑魚	—	—	—	—	—	—	—	—	—	—	—	—	116746
合　計	9	9	7	8	16	15	14	12	10	8	9	8	515344

史料　明治19年「上浦漁場慣行届」

表5はこの漁場で操業する漁業の郡別・漁法別の状況を示したものである。この上浦漁場で操業した延経営体数は二二五五件である。そのうち網数が九九一、釣数が七一三、延縄が五五一で、網漁が全体の約四四％を占めている。郡別に見ると安芸郡沿海村の漁民がほぼ半分を占め、ついで豊田郡・佐伯郡の沿海村が多い。しかし、その量は安芸郡沿海村の約三分の一にすぎない。

各郡別に比較すると安芸郡・佐伯郡は網漁が多く、両郡とも郡全体の約六〇％を網漁が占めている。これに対し、豊田郡は八四％を釣漁が、御調郡の場合は六四％を延縄漁が占めている。上浦漁場に入漁する漁船は、安芸郡・佐伯郡の沿海村からは網船が多く、豊田郡、御調郡の沿海村からは一本釣・延縄を中心とした小漁業者が多いことを物語っている。

ところで、各郡の出漁網数は全体で九九一張《はり》、そのうちイワシの網数は表6のように一八一張、全体の一八％にすぎない。しかし漁獲額は表4に明らかなように全体の四二％と多い。この事実は、この地域の船曳鰯網漁が漁夫を雇った網元経営で、その規模が比較的大きいことを示している。他の網漁や釣・延縄漁はそれぞれの漁家数と漁獲額とを比較すると規模の小さい、一般に漁師と呼ばれる小漁船、九十九里では縄船と呼ばれる小経営体＝小家族漁業が多かったことを物語っている。

表5　郡別漁業経営体数　　( )＝%

	網数(張)	釣数(戸)	延縄(戸)	計
安芸郡沿海村	(58.59) 593	(22.34) 226	(19.07) 193	(100) 1012
佐伯郡沿海村	(57.83) 214	(20.82) 77	(21.35) 79	(100) 370
賀茂郡沿海村	(41.37) 60	(25.52) 37	(33.11) 48	(100) 145
豊田郡沿海村	(8.58) 32	(84.45) 315	(6.97) 26	(100) 373
御調郡沿海村	(24.02) 43	(12.29) 22	(63.69) 114	(100) 179
沼隈郡沿海村	29		15	44
広島区		36		36
安芸・佐伯・賀茂・御調・深津・沼隈			76	76
安芸・佐伯	20			20
計	(43.95) 991	(31.62) 713	(24.43) 551	(100) 2255

史料　明治19年「倉橋島沿海漁場慣行調査」

（単位　網は張，釣・配縄は戸）

鯖	鰡	イカナゴ	蛸	海鼠	鮫	ヒラアイ	雑魚	計	%
0	0	6	0	0	20	40	324	991	44%
0	0	0	0	0	10	0	229	713	32%
45	38	0	24	66	0	0	114	551	24%
45	38	6	24	66	30	40	667	2255	100%

ところで表6で見ると、もっとも多い漁法の対象魚となっているのはタイで、安芸郡・佐伯郡・賀茂郡・豊田郡の沿海村の漁民が対象魚とし、その漁具数は網五七張、釣三八九本、延縄二〇本であった。この漁場では鯛漁が多く、その漁法の中心は釣漁にあった（『倉橋町史通史編』第六章倉橋島の漁業、参照）。

倉橋島のアビと言う水鳥を使ってイカナゴを海底に追い込み、そのイカナゴを食べるために出てきたタイを釣りあげる「あび漁」といい、神功皇后の三韓出兵のとき、能地沖において神酒を海中にそそいだところタイが浮いてきたという「浮鯛抄《うきだいしょう》」の伝承といい、瀬戸内海には鯛にまつわる特殊な漁法や伝承も多い。タイは今も瀬戸内を代表する海の幸でありつづけている。

以上のように、倉橋島の沖合に位置し、安芸郡・加茂郡・豊田郡にまたがる三万二〇〇〇町歩におよぶ、この地域最大の上浦漁場について検討してきた。この漁場はイワシ・コノシロ・サワラ・タイ・ボラなどを求め、この漁場をとり巻く安芸郡・

表6　明治10年代上浦漁場魚種別漁法数

漁法	鯛	鰆	鱧	鰯	魬	鱸	鰈	海鯽	烏賊	赤貝	鯆	海鰻鱺
網	57	10	10	181	0	0	0	52	102	80	109	0
釣	389	0	0	0	0	29	10	46	0	0	0	0
配縄	20	0	87	0	8	0	29	22	0	0	0	98
計	466	10	97	181	8	29	39	120	102	80	109	98

史料　明治19年「上浦漁場慣行届」

佐伯郡・賀茂郡・豊田郡・御調郡・沼隈郡・広島区の漁民たちが網・釣・延縄漁法を使って入漁する入会漁場であった。また使用される漁具は捕獲する対象漁によって、漁民の経営形態・規模によってかなりの違いがあった。概して、船曳網漁の方が一本釣や延縄漁より、漁夫をかかえる網元経営が多い。一本釣・延縄漁は大きくても漁夫四、五人、多くは小家族単位の小営業であった。

相互利用の漁場

ところで上浦漁場から、たとえば「イ印鰯網安芸郡沿海村、広島区江波村入会ヶ所」「リ印安芸郡矢野村牡蠣篊場《かきやなば》」「ウ印同郡倉橋島大江庄平鯔《ぼら》専業場所」など、すでに入会慣行のある漁場や、一村入会の牡蠣篊場、個人の一己《いっこ》専業、つまり個人的占有の漁場はその慣行を認め除かれている。これらの漁場の多くは地先《じさき》漁場であり地付きの村の本百姓に独占的に利用され、漁場総有が言われるもとでもあった。

しかし、明治十九年七月六日に提出された「倉橋島沿海漁場慣行調査」には、瀬戸内の島々の地先漁場は地付き村が独占的に利用するのではなく、他の村々と利用し合う慣行ができあがっていたことを示す、「漁業者より聞取書」が残されている。

そこには「他村より当村内へ漁業に参り候分」と「当島の者他所へ漁業に参り候ヶ所」に分け、前者は「釣漁之部」「配《(ママ)》縄之部」「雑網之部」ごとに入漁した島名・村名ごとに船数および対象魚と漁場が記されている。これに対し、当村から他村へ出漁したものについては出漁先の漁場名と漁法のみが記され、出漁船数は書かれていない。

右の「聞取書」から他村より当島内へ入漁した分を整理したのが表7であり、逆に当村の漁民が他村へ出漁した分を整理したのが表8である。

表7に明らかなように、倉橋島の東白石より西横島・黒島沖合の鯵《あじ》釣網代には蒲刈《かまがり》島の漁船およそ一三〇艘、瀬戸島の漁船およそ四〇艘が入漁している。倉橋島周辺漁場には蒲刈島・瀬戸島の漁民の入漁が多く、瀬戸島からは八艘の配《(ママ)》縄船と一〇艘の網船が入漁している。他村よりの入漁が多い漁場は東白石より西横島・黒島沖合、それに東亀ヶ首より西黒島沖合の網代であった。

倉橋島周辺の地先漁場には蒲刈島・瀬戸島をはじめ安芸郡・佐伯郡・賀茂郡・豊田郡・

表7　他村ヨリ当島内エ漁業ニ参り候分

				船数(艘)	
釣漁	安芸郡	蒲刈島	凡	130	但し鰺釣網代東白石より西横島・黒島沖合
釣漁	安芸郡	瀬戸島		40	但し鰺釣網代東白石より西横島・黒島沖合
釣漁	安芸郡	渡ノ子島		3	但し、小魚釣網代当島西浦辺沖合
配縄	安芸郡	瀬戸島		8	但し、網代当島ノ内東亀ヶ首ヨリ西黒島沖合
配縄	安芸郡	仁保島		8	但し、網代当島ノ内東亀ヶ首ヨリ西黒島沖合
配縄	安芸郡	吉浦		6	但し，網代当島ノ内東亀ヶ首ヨリ西黒島沖合
配縄	佐伯郡	柿ノ浦		5	但し、網代当島ノ内東亀ヶ首ヨリ西黒島沖合
配縄	賀茂郡	長浜村		8	但し、網代当島ノ内東亀ヶ首ヨリ西黒島沖合
配縄	広島区	江波村		3	但し、網代当島西浦辺沖合
雑網	安芸郡	瀬戸島		10	
雑網	安芸郡	宮原村		5	
雑網	安芸郡	庄山田村		10	
雑網	安芸郡	吉浦		5	
雑網	安芸郡	坂村		2	
雑網	安芸郡	大屋村		2	
雑網	賀茂郡	阿賀村		7	
雑網	賀茂郡	広村		5	
雑網	賀茂郡	川尻村		3	
雑網	豊田郡	能地村		3	

史料　明治19年「倉橋島沿海漁場慣行調査」

表8　当島之者他所エ漁場ニ参り候ヶ所

鰮網	山口県	防州玖珂郡柱島
鰮網	愛媛県	伊予国風早郡怒和島
鰮網	愛媛県	伊予国風早郡津和地島
雑網	愛媛県	伊予国風早郡中島ノ内タチバ
雑網	広島県	備後国田島并ニ近辺魚島
アンコ網	広島県	佐伯郡能美島并ニ本郡江田島辺

史料　明治19年「倉橋島沿海漁場慣行調査」

広島区の一六ヵ所の島や漁村から入漁している。

一方、表8からみると、倉橋島の漁民も防州玖珂《くか》郡の柱島、伊予国風早《かざはや》郡怒和島《ぬわじま》、同郡津和地島《つわじしま》、同郡中島、備後国田島ならびに魚島、佐伯郡能美《のうみ》島、安芸郡江田島周辺の漁場に出漁している。こうした地域に出漁している漁船は鰯網と雑網、あんこ網漁を行う、すべて網船であった。

このように、広域の上浦漁場はもちろん、地先の漁場も、一村入会の漁場であっても、かなり広い範囲の島や沿海の村々の漁民が相互に利用しあう慣行ができていることがわかる。それは瀬戸内海の漁場利用の特徴を示すばかりでなく、海を媒介とした地域社会の存在を示すものであろう。その社会は漁場における対立、漁業資源の保護をめぐるさまざまな協定を結ぶなかで生れてきたのであろう。

近代化と漁村の変貌――エピローグ

明治時代の漁村と漁業

沖合漁業の発展　静岡県漁業組合取締所は、明治二十三年（一八九〇）から二十五年にかけて、県下の漁業調査を行い、明治二十七年に『静岡県水産誌』を刊行した。

この水産誌から明治二十年代のわが国の漁村・漁業の概要を知ることができる。

これまで、しばしば指摘してきたように、わが国の漁業の発展をうながしたものの一つに、江戸時代初頭からの、紀州や泉州の漁民たちの沿岸沖合漁業の展開があった。彼らは壱岐・対馬・五島、さらに九州西部から関東地方にまで、その活動範囲をひろげ、各地の漁場を開発し、漁村を開いてきたといわれている。こうした沿岸沖合漁業は当然のことながら関東周辺の漁業として、近世を通して展開している。伊豆半島の漁村においても、カツオの一本釣、マグロの延縄《はえなわ》漁が江戸時代から発展していた。特にカツオの一本釣漁は『静岡県水産誌』の調査が行われた明治二十三～二十五年（一八九〇～九二）ごろには西伊豆の漁獲高の四〇%を占める中心的漁業として発展していた。

伊豆の漁民は江戸時代から漁船に改良を加え、遠くは紀州熊野へマグロ・サメを追い、鰹《かつお》漁のため伊豆諸島から房州・相州の海に操業圏を拡大していったのである。弘化年間（一八四四～四七）には江奈《えな》村の石田重左衛門が鰹漁のため下田の船大工にたのんで船幅七尺五寸（約二・三メートル）余の漁船を製造し、伊豆の南端石廊崎より神子元島《みこもとじま》（約一〇キロメートルにある無人島）から利島《としま》間の海上で漁を行い、明治二年（一八六九）には江奈村の石田忠吉が船幅八尺（約二・四メートル）の船を造り、伊豆諸島の間でカツオの一本釣を専門に行っていた。このころになると関東の漁業者は競って船の構造を堅牢にし、伊豆諸島沖から房州・相州の海、さらに紀州熊野へ操業圏を拡大している。

こうした沿岸沖合漁業は速度の早い洋式漁船を使った遠洋漁業とは異なり、水・食料はもちろん餌鰯《えいわし》の供給、いたみの早い漁獲物の処分のためにも、また航海・操業の安全のためにも、沿岸漁村の地先沖《じさき》で操業せざるをえない。この点が遠洋漁業と沖合漁業の根本的な差であると考えられる。

沖合漁業と抗争

ところで、地先沖の海面で漁をする沿岸沖合漁業は、当然、出先漁民と対立することになる。特に明治八年（一八七五）に時の政府が行った海面国（官）有化政策は旧来の漁業に関する権利や慣行を否認し、新たな申請にもとづいて借区料徴収を中心とした新漁業制度の実施を、これまでの漁業慣行を無視して行ったものである。それゆえ、これを契機に各地に漁場紛争が激発したのは当然のなりゆきであった。

もちろん、この事態に対処するため、政府は翌九年には一年をへずして海面国（官）有化を廃止し、旧慣を認めることによって事態を収拾した。このことは日本の漁業、漁民のありようについて、前近代から近代にかけての節目がはっきりしない原因ともなっていると思われる。

ともあれ、沖合漁業の展開はその後も各地で係争をくり返すことになった。たとえば明治八年に江奈村の稲葉半七がカツオ・サメ・ムロアジ・ブリなどが群居する、神津島《こうづしま》の西南およそ七里（二八㌔）の銭洲島《ぜにすじま》を発見し、その魚の漁をめぐって争いが生じている。

漁業協定　この争いをめぐって、明治十六年（一八八三）には伊豆半島沿岸の漁業者と三宅島の漁業者の間で漁業協定が結ばれた。その協定は満期を迎えた明治二十二年に静岡県賀茂・那賀二郡の漁業者との間で改定され、三宅島近海における鰹漁に関する規約として伊豆三宅の漁民の守るべき基準となった。その条項に定められた内容は次のとおりであった。

①伊豆の漁船（賀茂郡・那賀郡のうちこの協定に加盟した漁業者）は三宅島近海でカツオその他の漁業をする場合、その報酬として、鰹漁に用いる餌鰯《えいわし》三分の一を三宅島の漁業者に与える。

②三宅島の漁船は伊豆の漁船から鰹漁に用いる餌鰯を受け取ったときには、三宅島の漁船は自らが属する村の漁業総代人が発行した受領書を伊豆の漁船に渡す。

③伊豆の漁船は三宅島の漁船に鰹漁の餌鰯を渡したその日に他の三宅島の漁船から餌鰯を求められても、先に餌鰯を与えた漁船から受け取った受領書を示して拒否する。

④伊豆の漁船が三宅島で捕魚を売却するときには、売上金の一〇〇分の五をその周旋人に手数料として渡す。ただし、三宅島の漁船が伊豆の賀茂・那賀二郡に来て捕魚を売

却する場合も同じである。
⑤伊豆の漁船は伊豆の国の総代人（このときは江奈村の石田房吉）が発行した番号割符を携帯し、三宅島近海で漁業を行うときは旗章（図26）を船の艫《とも》へ建て、この漁業協定を結んだ地方の船であることを示す。
⑥伊豆の漁船が波をさけ三宅島沿岸に船を陸揚するときは、三宅島の漁業者は無賃でそれを助ける。ただし、海上がおだやかな時は相当の賃金を出す。
⑦逆に三宅島の漁船が伊豆で陸揚するときは前条のとおり。
⑧三宅島の漁船が伊豆に来て鰹漁の餌鰯を請うときは、ただで与える。
⑨この協定条項の期限は明治二十二年より明治二十四年まで三ヵ年とし、満期後は双方

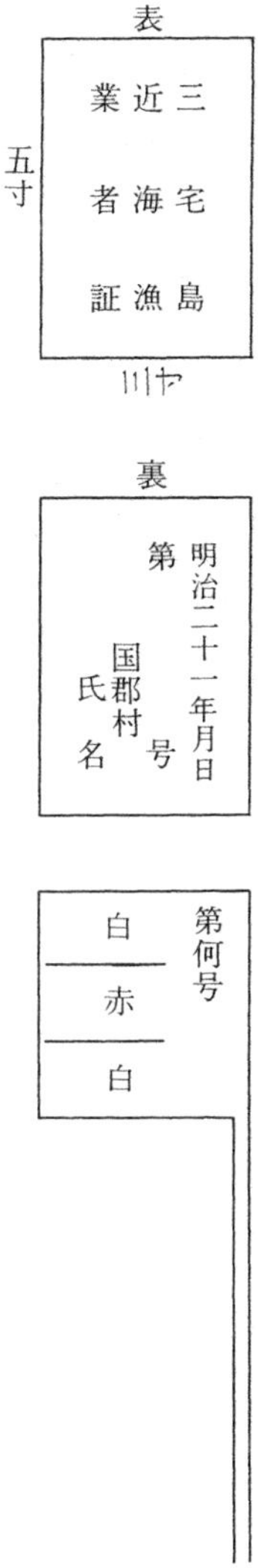

図26　船の艫へ建てる漁業許可を示す旗章

図27　内浦長浜の多様なイケス（昭和50年2月）

の総代の評決により改約することができる。

この①から⑨の条項に明らかなように、三宅島沖に出漁した伊豆の鰹漁船は生簀《いけす》に積んでいった餌鰯の三分の一を三宅島の漁業者に渡し、三宅島の漁業者総代が発行した受領書を受け、船の艫に旗章をたてて操業した。三宅島の漁業者は伊豆沖で操業する際にも、無償で餌鰯の供給を伊豆の漁業者から受ける条文があることから、三宅島の近海では餌鰯がとれないか、あるいはイワシを活かす技術がなかったと考えられる。また、伊豆沖にきた三宅島の漁船に対しても伊豆の漁民が餌鰯を無償で与え、三宅島近海での漁業権を得ていることは、三宅島近海が黒潮に乗って回遊してくるカツオの格好の漁場であることを物語っている。

ともあれ、西伊豆の鰹一本釣漁業にとって、餌鰯漁業は、ただ単にカツオの一本釣漁の餌を供給するばかりではなく、漁場を確保する、あるいはそこでの漁業権を得るために必要な漁業であった。同じイワシでも干鰯《ほしか》の原料となる九十九里浜の地曳網漁で漁獲される

図28　イキョと呼ばれる生簀を作る（沼津市口野　沼津市歴史民俗資料館蔵）

イワシと伊豆のイワシとはまったく性格を異にするものであった。

幕末から明治にかけて、静浦《しずうら》の口野《くちの》村を中心に竹製の「イキョ」と呼ばれる生簀《いけす》の生産が発展したのは、この地域のカツオ一本釣漁の発展がもたらした地場産業であった。狩野《かの》川《がわ》放水路の開削《かいさく》に対して江戸時代中期以降、その排水口にあたる口野の人々が反対したのも、餌鰯業やその生簀製造業に甚大な被害がおよぶためであった。幕末から明治にかけての商品生産の発展を考えるうえで、また近代工業化にともなう海辺の環境の変化を考えるうえでも、念頭に置くべき問題であろう。

ところで、本協定の規定をみると餌鰯の供給を前提に、風波厳しい折には三宅島の漁民が無償で伊豆の漁船を、逆に三宅島の漁船が伊豆沖で激しい風波に遭った折には伊豆の漁民が無償で三宅島の漁船を陸揚げする約束をしている。この事実は、漁場をめぐる争いが、それぞれの共同体の強さを表現するばかりでなく、争いを通して、共同体間の対話、人間関係が生まれ、そこに共通の相互理解と対話の関係が形成されてきたことを物語っている。

海辺社会のアイデンティティ

海辺に住む人びとは瀬戸内の島々に住む人びとに見られるように、自らの住む狭い地域に固執することなく、それゆえに一見、郷土に対する帰属意識が希薄なように見えながら、海を通る外界を見通した眼を持ち、進取の気風に富んだ意識と行動を持っているように思われる。それは海によって結ばれた海民に共通のものかもしれない。そこには陸とは違った海辺の社会のアイデンティティが存在しているといえよう。

日本人は古くから海を媒介とした外来文化を受容し、文化を築いてきた。今日にいたっても、外来文化を受容し、このことから、日本文化は〝猿まね文化〟と呼ばれてきた。しかし、第二次大戦後の経済発展は、経済・教育すべてにわたっての平準化・均質化がすすめられ、商品の高度均質化がすすみ、経済大国と呼ばれる発展をとげてきた。今日ではグローバル化が叫ばれ、個性化が模索されるなかで、日本の近代化を支えてきた外国技術の導入、技術文化の模倣が欠点とされているが、それが日本文化を支えてきたことはまぎれもない事実である。外界を見通した目をもち、進取の気風に富んだ海民の気風が、外来文化を受容する日本文化を基層において支えているのかもしれない。

こうした問題を意識しながら、日本文化、日本の歴史を見直すことが、海から歴史を見直すことの意味であろう。

ところで、この協定条項では、伊豆の漁船は漁獲物を売上金の五％の手数料で三宅島で売却し、相対相場で捕魚を鰹節《かつおぶし》・塩漬に加工する取決めをしている。この事実は遠洋漁業とは異なり、江戸時代から明治にかけての沖合漁業が漁獲物の商品化のために、漁場から近い所、つまり漁獲物の鮮度が落ちないうちに魚を水揚げしうる漁場でないと操業しえないことを物語っている。沖合漁業を遠洋漁業と区別する意味で、あえて沿岸沖合漁業と表現したのはそのためである。

さて、これまでやや詳しくみてきた協定締結の六年後、明治二十二年（一八八九）十二月二十四日に、駿河・遠江・伊豆三地方と神津島の漁業者の間でも、ほぼ同じ内容の協定が結ばれている。ただ、神津島との協定では一漁期の間の操業船数が八〇艘に制限されている。また駿遠豆三地方の漁船が漁獲物を神津島にあげて鰹節やマグロの塩漬に加工する場合は、薪・塩代のほか、相当の手数料を差し出すこととしている。ここでも、当時の沖合漁業が出漁先の海村で漁獲物を販売もしくは加工していたことが示されている。

以上のように、江戸時代から少なくとも明治二十年代にかけての沖合漁業は、たとえ母港から何キロ離れていても、最寄の沿岸や港からそれほど距離のない、地先漁場の沖合で漁を行っている。特に夏場に行われる、黒潮に乗って回遊してくるカツオやマグロを漁獲するために港を離れ、遠洋に出ることは、冷凍技術の未発達なこの時代には困難であった。江戸時代の漁業が明治時代になっても基本的には変化を示さないのは当然のことといわざるをえない。

漁業の近代化と漁村

明治の漁船

漁業の近代化には漁船の高速化、漁具・漁法の改良、それに漁獲物の保存技術の改良などが必要である。まずは『静岡県水産誌』の巻二に収められている静岡県下の漁船の解説から、当時の鰹漁に使われた漁船について見ることにしよう。同水産誌の漁船の解説から、明治二十年〜三十年代の漁船は江戸時代の漁船と変わらない和船が使用されていたことがわかる。

図29は西伊豆地方で使用されていたカツオの一本釣漁船である。同書の説明によると、

同図㈹ハ西伊豆地方ニ使用スル鰹釣漁船ニシテ、長四間強、幅八尺余、帆ハ大中小ノ三張ヲ備ヘ、大帆㈠ハ七八反、中帆㈡ハ六反是ヲや帆ト云フ、舳頭《じくとう》ニ建ツル最小ノ帆ヲけん帆ト呼フ、其幅四反ヨリ成ル、櫓ハ七挺ヲ要シ、船中総《すべ》テ床板ヲ敷キ、床下ヲ六区ニ画《かぎ》リ艫《とも》ノ間、次ヲはさみ、次ヲ胴瓶若《もし》クハ一ノ間ト云ヒ、其次ヲ表瓶、次ヲ小間、次ヲ舳《へさき》ノ間ト呼ヒテ最モ狭シ、而シテ艫ノ間ニハ米売(麦カ)若クハ衣類等ヲ置キ、胴瓶及表瓶ハ共活餌ヲ飼フ為メニ船底ニ微孔ヲ設ケテ海水ヲ通セシム、尤《もっと》モ平常ハ栓ヲ以

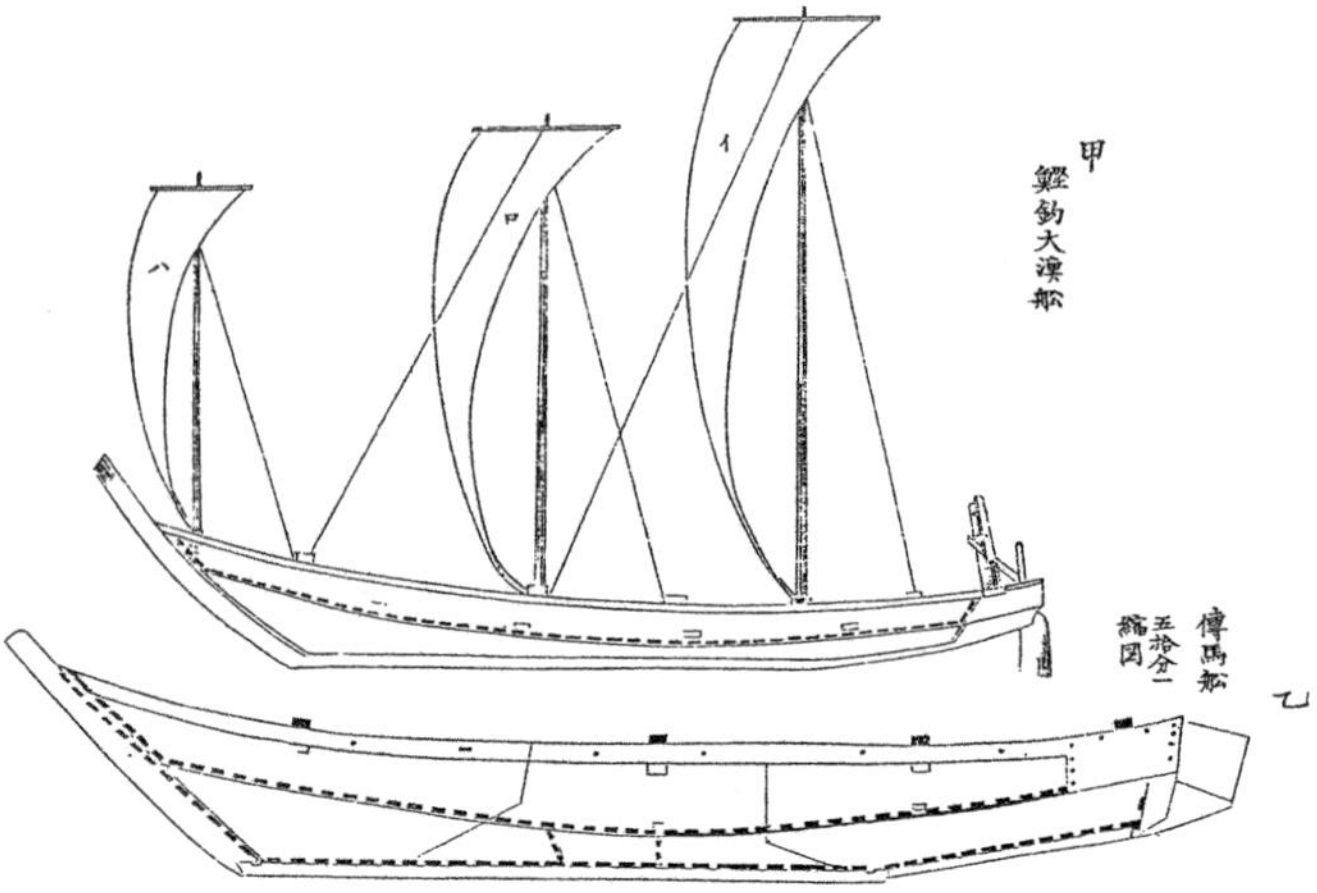

図29　鰹釣漁船（『静岡県水産誌』巻２）

テ之ヲ塞《ふさ》キ、餌魚ヲ容ル、トキハ柱ヲ去リ、代フルニ銅線網ヲ以テス、該船ハ固《も》ト房州ノやんのう船ニ模造シタルモノニシテ、能《よ》ク暴波ニ堪へ、進行亦《また》速カナリ、現今我県下ノ漁船中本船ヲ以テ最進ノ構造ナリトス、用ユルニ鰹鮪ノ中海漁業ヲ 専《もつぱら》トス（以下略）

とあるように、長さ四間（約七・三メートル）強、幅八尺（約二・四メートル）で大・中・小の三張の帆と七挺《ちょう》の櫓《ろ》により推力を得、船底に微孔をあけ、活餌を飼う生簀《いけす》を設けた、カツオ・マグロの中海漁業に使用する県下で最新の構造をもった漁船であった。この船は房州のやんのう船を模して造ったものであった。

このように当時沖合漁業＝中海漁業に使用している県下の漁船は「真正ノ中海漁業ニ適シタルモノナク、多数ハ従来ヨリ使用シタル接岸漁船ニシテ、近ク改造シタルハ、独リ鰹漁船アルノミ」の状況にあった。それでも改造をほどこした鰹漁船は「使用スル事十数年以来ニ止マルト雖《いえども》、是カ為メ鰹釣漁ノ発達シタル事ハ実ニ著シキモノアリ」と述べている。漁業の発展は漁船の発達が第一であると当時の水産関係者に認識されていたことは注目すべき点であるといえよう。

そのことは、たとえ網漁具などが大型化し改良されても、それを運び操業する漁船が相応の能力を持たなければ網を使用することができないのだから当然のことである。漁業史を研究する場合、造船・操船技術、さらに冷凍・保存技術の歴史を研究していかなければならないことを暗示している。

同水産誌では「漁船ノ構造タル漁業ノ進化ト相侶《あいともな》フ可《べ》キモノナル事、敢《あえ》テ弁ヲ須《もちい》スト雖《いえども》、本邦ニ尚ホ至便ナル漁船ヲ造出シタルモノアルヲ見ス」と述べ、さらに「今マ眼ヲ海外ニ転スレハ、彼ノ欧米ノ漁船ハ我ニ優《まさ》リテ至便ナル事、世人ノ知ル如《ごと》クナルモ、是《これ》カ模範ヲ我国ニ執《と》ランカ、漁者ノ不熟練ナル徒《いたずら》ニ運転ニ困《くるし》ンデ操業ニ不便ヲ来スハ一点ノ疑ヲ存スル所ナシ、故ニ充分是カ運用ノ方法ヲ倣《なら》ヒ后《のち》、始テ漁業ヲ営ムヲ至当トス」と新しい機械・技術を導入する場合には、その機械・技術を使いこなす使い手の能力を考えるべきことを力説している。

この点は昭和三十三年（一九五八）に死者行方不明者一一五七人余を出した狩野川台風の後、水路を伊豆静浦の口野に開削した際に、建設省から補償として地元漁民に渡した二艘の最新鋭の遠洋漁船が、操船技術も、航海技術も、通信技術も、いわんや法令で義務づけられている一等通信士、一等航海士、一等機関士の資格を持った漁民がいないため、まったく補償の意味をなさず、地元漁民に利用されることなく、結局他に売却されたことを思うと、あらためて前述の明治の官人のなしように学ぶことの多きを感ずるのである。

こうした漁民たちの技術の現状を認識したうえで「洋船ノ至便至巧ナルモ、俄《にわか》ニ我漁業上ニ使用スル事能《あたわ》サレハ、須《すべか》ラク将来遠洋ニ出漁スルノ時運《じうん》ニ於《おい》テ洋船ニ擬ス可シ」と将来、遠洋に出漁することを見越し、洋船の導入の必要性を見つめる。そのうえで「先《ま》ツ今日ノ急務ハ可成《なるべく》洋船ノ結構中和船ニ附設スル事ヲ得ヘキ局部ニ就テ彼ニ擬スルコトヲ緊要ナリトス、所謂《いわゆる》和洋折衷是《せっちゅうこれ》ナリ」とまずは漁民の現状に合わせ、洋船の良い部分をとり入れることからはじめるべきことを説いている。その手本となったのが「然《しか》ラバ如何《いか》ナル部分ヲ取テ和船ニ附設ス可キカ」を問い、「北海道庁ニテ同地ニ使用セル川崎船ヲ本トシ、鰹船ト米国漁船トヲ折衷シタルモノ之《これ》ヲ第三回勧業博覧会ニ出品シタルコトアリシ、今之ヲ模範トシテ参考ニ供セン」と川崎船を本とし、鰹船と米国漁船を折衷した船を参考とすべきことを提唱している。

その改良の中心は風に逆らっても船が流されることを防ぎ、陸に引き揚げるときには障害にならない帆装と「センターボード」を附設するところにあった。図30は第三回勧業博覧会に出品された漁船である。

このように明治二十年代の漁船はいまだ江戸時代の和船とさしたる変化はなく、せいぜい和洋折衷の漁船の改良が考えられはじめたばかりであった。大型化した発動機船が主流になるのは大正から昭和にかけてのことであった。すでに述べたように、九十九里浜に大型機械船が導入され、機械揚繰網が開発されたのは昭和二、三年のことであった。

冷凍・保存技術の遅れ

ところで、漁船の大型化・機械化の遅れとともに漁業の近代化をおくらせ、江戸時代の漁業と近代漁業の節目を不明確にした要因の一つに、冷凍・保存技術の遅れがある。

江戸時代以来、魚を長距離運搬する場合は魚を乾したり、塩漬にしたり、節物《ふしもの》に加工して運ぶか、魚を活かして運んだ。運上鯛などは遠く紀州などから船の胴の間の船底に微孔

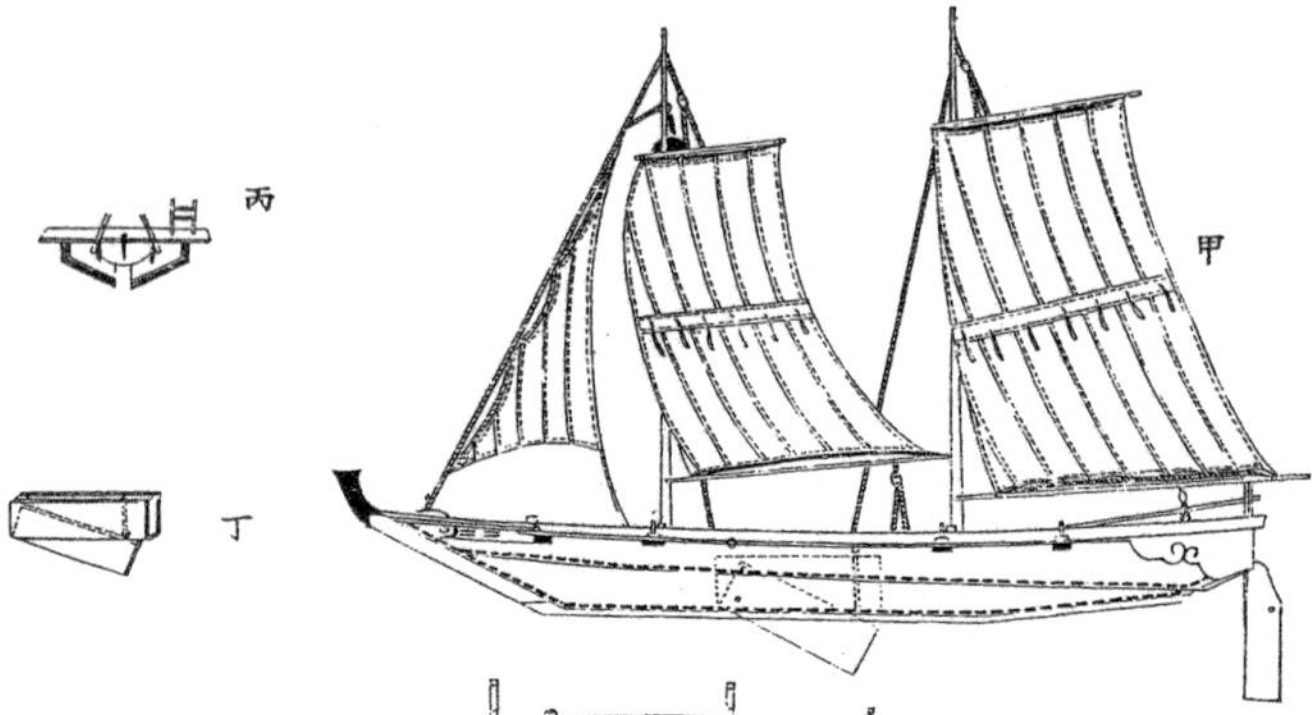

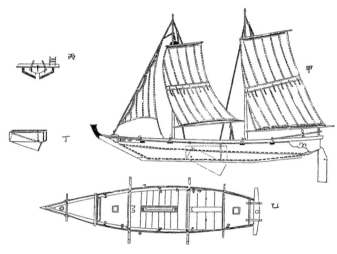

図30　第三回勧業博覧会出品の漁船（『静岡県水産誌』巻2）

を開け、海水を流入した生簀にタイを入れ、活鯛として運んでいた。それ以外は、魚の鮮度の落ちないうちに最寄の港へ陸揚しなければならなかったのである。漁場で漁をする漁船の周辺には生簀を備えた船をあやつる活魚仲買が釣魚を買い入れるために伴走していた。明治十九年の倉橋島の「活魚主業慣行届」には、活魚仲買が買入できる漁場と対象魚・漁期などが決められている。いずれにしても、活魚として市場に運ばれる魚は、今日でいう磯魚などで、その釣果はそれほど多いものではなかった。網漁の対象となるような、またカツオ・マグロなどの回遊魚などは生簀で運ぶことは量的にも、魚の性質からも不可能であり、それらの一部は伊豆地方ではすきみなどと呼ばれる塩漬にして、ある程度腐敗を防ぎながら消費地に運ばざるをえない。その場合、海運によっているだけでは、荒天がつづいた場合、運ぶことができない。そのときには当然陸運を使うことになる。駿河湾に面した原宿は東海道の宿場でありながら、幕末には海上で魚の買付けをする出買五十集《いさば》（魚仲買）が増加し、株仲間五十集としばしば争いを起こしている（『沼津市史　史料編　漁村』第四章）。いずれにしても夏期はともかくとして、その他の季節には江戸に向けて魚を陸路で運ぶことが多かったようである。それゆえに原宿の場合、漁民が陸運のための課役である伝馬役《てんまやく》を負担していたのであろう。

ともあれ、漁業にとって、漁獲物を鮮度の落ちないうちに消費地に運ぶことは必須の要件であった。漁業の発展にとって、漁船の機械化・高速化、漁具の質量二面にわたる改良とともに、何よりも冷蔵・冷凍・保存技術の発達が不可欠であった。

中川嘉兵衛が横浜馬車道に氷屋を開いたのは文久二年（一八六二）、彼が函館に製氷場を設け、氷を大量に回漕し安く販売したのが明治四年（一八七一）といわれている。岸田吟香が横浜氷室商会を興したのも、そのころであった。この時期に販売された氷は、たとえ製氷所で作られても天然氷であり、人造氷は明治十六年（一八八三）に東京製氷会社、明治三十二年（一八九九）に機械製氷会社が設立され、普及しはじめたとされている。それでも、それは東京・横浜の外国人や上流階級の人びとの間の話であり、魚の輸送や漁船の漁獲物の保存に利用しうるものではなかった。

各地の漁港、漁業組合に製氷所が設けられ、保存用の氷を港で船に積み込むようになったのは昭和に入ってからのことであろう。伊豆江浦《えのうら》漁業組合に昭和四年（一九二九）十二月十日付の東京市丸ノ内三菱二一号館技師佐藤実事務所から江浦漁業組合長に宛てた「米国ヨーク会社製氷冷蔵機械取扱専門」なる文書が残されている（『沼津市史 史料編』第三章）。

近世・近代の連続

以上のように、漁船・漁具・漁法の近代化が遅れたことが江戸時代の漁村・漁業と近代の漁村・漁業の転換の節目を不明確にし、戦後の漁業制度改革を不発に終わらせた一つの要因でもあった。また明治期以降、急速に近代化・工業化・都市化がすすみ、魚食需要が拡大するなかで、漁具・漁法のみが発達しても、一方で漁船と冷凍技術の改良が遅れると漁場を沿岸近くに狭めざるをえなくなり、必然的に漁業資源の枯渇がすすむ。このため限られた資源をめぐって、たえまない漁業紛争がもたらされることを忘れてはならない。

漁具・漁法でいえば網漁具の素材が麻から木綿、さらにナイロンに変化する過程で漁船の推力、牽引力がアップし、漁具の大型化が可能となり、

近代化と乱獲

水産資源の乱獲がはじまった。漁具・漁法の改良、漁業生産力の発展は資源の枯渇をもたらす。それゆえに、漁民たちも、水産行政にたずさわる者も、漁具・漁法を制限し、漁場と漁期を制限するなどのルールをもうけてきた。

たとえば外房安房地方においては明治十一年（一八七八）、洋式の潜水具が導入された結果、それまでの素もぐりによる貝漁が危機にさらされ、素もぐりの漁法は成り立たなくなった。つまり、これまでの素もぐりの漁法は肺活量に規制され、ある限界を越えた深部には入れない。そのことが貝類の資源枯渇を結果的に防ぎ、貝漁を存続させる自然環境を維持し、海女《あま》集落の暮らしと文化を守ってきたのである。しかし、潜水具を使用した技術・漁法の導入は一時的に生産量を増加させるが、最後には貝類を採り尽くし、貝漁それ自体を成り立たなくする、資源枯渇をもたらすことになった。それは房総の海女たちの暮らしを危機にさらし、漁村の民俗を著しく変えることになった。千葉県では明治十九年（一八八六）には、素もぐりの漁期である四月から十一月の間は潜水器具を使った漁業を禁じ、旧来の磯漁を保護している。鯛漁においても大規模な鯛カツラ網の使用を制限した

のである。

いずれにしても、漁民たちは漁期や漁区、漁具や漁法を制限しながら、自らの漁業や暮らしを守る工夫をしてきたが、結果的には資源の枯渇をまねき、自らの漁業経営を圧迫してきたと思われる。

九十九里の鰯《いわし》漁においても、九十九里町の漁業協同組合が作成したと思われる「鰯漁獲高の統計」（謄写版刷り）によると、改良揚繰網の導入により、明治二十八年（一八九五）には二万八〇〇〇トンに達したイワシの漁獲高は、翌二十九年には九七三七トンに激減している。その後三十年（一八九七）から三十七年にかけては一万トンから一万三〇〇〇トンを上下しながら、三十四年以降三十五〜三十七年には一〇〇〇トン台に落ち込んでいる。その後、明治末から大正初期にかけては明治三十五・三十六年のような極端な不漁は見られないが、明治四十五年（一九一二）の二万二八五七トンを除いては、五〇〇〇トンから一万二、三千トンを上下している。

改良揚繰網と地曳網漁場の破壊

明治四十三年（一九一〇）以来、改良揚繰網船に乗っていた吉栄丸の元船長中村茂吉氏の記述によると「昭和二、三年頃茨城県波崎《はさき》町の漁業家突端屋が機械揚繰を発明操業して居ることを聞き及び吾々《われわれ》の予《かね》て待望せる空想が今や実現の緒に就いたと大いに喜び其《その》成功を祈って止まなかった」（九十九里いわし博物館蔵）となっている。昭和二、三年ごろから機械揚繰の開発がはじまり、その翌年に白里村の漁業家飯塚屋がトップを切って機械揚繰に変わった、その成績も著しく上がったので資力のあるものはこぞって機械揚繰に変わったと述べている。

そのころになると船も大型化した発動機船が主流となり、漁業成績も著しく上がったようである。先ほどの漁業協同組合の作った統計を見ても、昭和三年（一九二八）には二万九六二五トンと漁獲量も大幅に増加し、昭和五年三万三三七五トン、昭和六年三万五二五〇トン、昭和七年四万三一二五トン、昭和八年六万トン、昭和九年五万六二五〇トンと漁獲量も順調に伸びている。しかし、機械揚繰の場合、漁場は改良揚繰の漁場より、かなり遠くになっていたと思われる。

九十九里では改良揚繰網という、新しい技術が地曳網の漁場を破壊し、自らの漁場の資源を枯渇させ、経営効率を低下させることによって自らの経営を崩壊に導いたのである。

このような漁民自身の利益至上主義による乱獲がもたらした漁業破壊のもっとも顕著な例を私たちは北海道の鰊《にしん》漁に見ることができる。幕末から明治・大正期にかけて九十九里の鰯漁と同じように、魚肥需要の増大に支えられ〝ニシン御殿〟を生むほどのにぎわい

図31　内浦小海での乗り初め

を見せた松前《まつまえ》・江差《えさし》のにぎわいは、今はまったく見られない。松前・江差の場合は九十九里の鰯漁と違って、三井財閥の大資本が入り、乱獲がすすんだという説もある。はたして、そうなのであろうか。そのことは今私たちに何を語ろうとしているのであろうか。それを聞きだすことも、歴史や民俗に学ぶ私たちの努めではないかと思う。

変貌する浜の風景

私が少年のころ、家族とともに夏休みをすごした片貝・一宮・大原、九十九里の村々の鰯地曳網漁でにぎわう浜の風景は、今は見ることができない。学生時代を過した西伊豆田子村や安良里《あらり》、宇久《うぐ》須《す》の鰹漁ににぎわう姿を今は見ることはできない。街を歩いていても鰹節を作るあの独特な匂いもまったくしない。夏祭りの折には港を埋めつくしていた鰹船も、今はない。金目《きんめ》漁のために改良された船が一艘だけ、広い港に浮いていた。天然の良港である西伊豆の入江には、かつてはひしめいていた漁船はなく、養殖の生簀《いけす》が浮いている。

九十九里の砂丘は有料道路でさえぎられ、流れ込む土砂がなくなったせいか、砂丘も削られ、往年の浜を思い出すこともできない。伊豆の海岸線も、東海地震の津波を防ぐための堤防で固められ、魚の寄る木かげも魚付林《うおつきりん》もまったくない。

こうした海辺の変化はいったい私たちに何を語ろうとしているのであろうか。この点を明らかにするためにも、漁業や漁村の現状と歴史を明らかにしなければならない。

さて、こうした様変りした海辺の景観に往時をしのびつつ、眼を陸に転ずると、そこには海辺の環境を変える人びとのいとなみがあった。特に近代になると、科学技術が進歩するなかで、自然に対する考え方、かかわり方が大きく変容し、近代化・工業化の名のもとに海辺の環境は大きく変えられてきたといえよう。

かつては江戸前の魚の好漁場であった京浜地帯は工場が立ち並ぶ、廃油と汚れにまみれた海と化し、シャコやアナゴの好漁場であった横浜村も日本有数の貿易港として整備され、江戸前の魚を育む海辺の環境も、海の生態系も破壊され、海洋生物の食物連鎖も変容をきたし、水産生物の生態環境は著しく阻害されてきた。

ことに戦後、マッカーサー・ライン（占領下の漁業水域）によってわが国をとりまく漁業水域が著しく制限されたもとでの漁具・漁法の機械化・大型化、漁船の高速化、冷蔵・冷凍技術の漁船への導入は乱獲による漁業資源の枯渇をもたらした。さらに工場立地の埋立による拡大、工業化の急速な発展により海洋汚染は頂点に達した。かつて水産資源の宝庫であった各地の海は、まったく魚類の住めないヘどろの海と化してしまった。

海辺研究の意義

漁業史や漁村史、海辺の生活を学ぶことは、ただ単に漁業や漁村の歴史を知るばかりでなく、出口の見えない袋小路に入った私たちを解放する道を求める視点から学びかえさなければならない。汚染された海でしたたかに生きる漁民たちの姿を見ると、現在私たちが享受している科学技術の発展によってもたらされた物質文化が自然環境を破壊し、伝承的生活文化・物質文化を破滅させ、人間の尊厳を否定することによってもたらされたものであることを感じるのである。

海に学ぶ私たちはポスト・モダンが声高に叫ばれるなかで、新たな視点から海を学ばなければならない。本書がそのための一つの契機になれば幸いである。

あとがき

日本常民文化研究所の再建にかかわり、同研究所の活動を批判的に継承する手がかりを求めて、九十九里から西伊豆の漁村調査に入ったのは、一九八二年の夏ごろであった。私が少年期に夏休みを過ごしたころの地曳網漁でにぎわう浜の風景も、学生時代を過ごした西伊豆の鰹漁港のにぎわいも、今はまったく見ることができない。九十九里、西伊豆の海岸線は有料道路や津波を防ぐ堤防でさえぎられ、魚の寄る木陰も魚付林もまったくない。

こうした海辺の景観、漁村の様変わりした姿に驚き、その変わり様が語りかける声に耳を傾けながら、房総から西伊豆、さらに自治体史のさそいに応じ、瀬戸内の倉橋町や沼津市域の漁村調査をおこなうことになった。その過程で『静岡県漁場図解説書』(『沼津市史叢書二』一九九三年)、『近世海村の構造』(吉川弘文館、一九九八年)、『近世漁民の生業と生活』(吉川弘文館、一九九九年)、『沼津市史史料編　漁村』(一九九九年)、『倉橋町史　通史編』(二〇〇一年)、『沼津漁村記録』(『沼津市史叢書十』二〇〇四年予定)などの論文集の刊行、自治体史の史料集、通史編の編纂をおこなってきた。二〇〇一年には、吉川弘文館の『街道の日本史』の企画編集委員に加えられ、『瀬戸内諸島と海の道』(二〇〇一年)を編集・執筆することになった。

本書は『街道の日本史』の企画編集委員に加えられたときに執筆を要請されたものである。これまでの海にかかわる私の研究は試行錯誤の積み重ねであり、とてもライブラリー編集部の意に沿うものが書けるとは思えなかった。しかし、瀬戸内海とそこに浮ぶ島の歴史を鳥瞰することによって、おぼろげながら見えてきた海からの視点に基づき、これまでの研究を、自己の問題をはっきりさせるためにスケッチして見ることにした。それが成功しているか否かはともかくとして、こうした機会を与えてくださった吉川弘文館編集部の方々に厚く御礼申しあげたい。本書を、この「あとがき」を執筆しているときに天に召された母に捧げたい。

二〇〇三年八月四日

山　口　　徹

著者紹介

一九三一年、東京都に生まれる

一九五七年、成蹊大学政経学部卒業

現在、神奈川大学名誉教授

主要編著書

日本近世商業史の研究　近世海村の構造　近世漁民の生業と生活　近世畑作村落の研究　瀬戸内諸島と海の道〈編著〉

歴史文化ライブラリー
165

海の生活誌
半島と島の暮らし

二〇〇三年(平成十五)十一月一日　第一刷発行

著　者　山《やま》口《ぐち》徹《てつ》

発行者　林　英男

発行所　株式会社　吉川弘文館
東京都文京区本郷七丁目二番八号
郵便番号一一三―〇〇三三
電話〇三―三八一三―九一五一〈代表〉
振替口座〇〇一〇〇―五―二四四

印刷＝平文社　製本＝ナショナル製本
装幀＝山崎　登

歴史文化ライブラリー

1996.10

刊行のことば

現今の日本および国際社会は、さまざまな面で大変動の時代を迎えておりますが、近づきつつある二十一世紀は人類史の到達点として、物質的な繁栄のみならず文化や自然・社会環境を謳歌できる平和な社会でなければなりません。しかしながら高度成長・技術革新にともなう急激な変貌は「自己本位な刹那主義」の風潮を生みだし、先人が築いてきた歴史や文化に学ぶ余裕もなく、いまだ明るい人類の将来が展望できていないようにも見えます。このような状況を踏まえ、よりよい二十一世紀社会を築くために、人類誕生から現在に至る「人類の遺産・教訓」としてのあらゆる分野の歴史と文化を「歴史文化ライブラリー」として刊行することといたしました。

小社は、安政四年（一八五七）の創業以来、一貫して歴史学を中心とした専門出版社として書籍を刊行しつづけてまいりました。その経験を生かし、学問成果にもとづいた本叢書を刊行し社会的要請に応えて行きたいと考えております。

現代は、マスメディアが発達した高度情報化社会といわれますが、私どもはあくまでも活字を主体とした出版こそ、ものの本質を考える基礎と信じ、本叢書をとおして社会に訴えてまいりたいと思います。これから生まれでる一冊一冊が、それぞれの読者を知的冒険の旅へと誘い、希望に満ちた人類の未来を構築する糧となれば幸いです。

吉川弘文館

〈オンデマンド版〉
海の生活誌
半島と島の暮らし

歴史文化ライブラリー
165

2018年（平成30）10月1日　発行

著　者　山《やま》口《ぐち》　徹《てつ》
発行者　吉川道郎
発行所　株式会社　吉川弘文館
〒113-0033　東京都文京区本郷7丁目2番8号
TEL　03-3813-9151〈代表〉
URL　http://www.yoshikawa-k.co.jp/
印刷・製本　大日本印刷株式会社
装　幀　清水良洋・宮崎萌美

山口　徹（1931～2016）

ISBN978-4-642-75565-8